AF458238

NIL BLANC

ET LE SOUDAN

Paris. — Imp. de Pillet fils aîné, rue des Grands-Augustins, 5.

LE NIL BLANC ET LE SOUDAN

ÉTUDES SUR L'AFRIQUE CENTRALE

MOEURS ET COUTUMES DES SAUVAGES

PAR

M. BRUN-ROLLET

Membre de la Société de géographie de Paris,
de l'Athénée des Arts, sciences et belles-lettres de la même ville,
membre correspondant de l'Académie de Savoie,
vice-président honoraire de la Société universelle d'encouragement
des arts et de l'industrie de Londres.

PARIS
LIBRAIRIE DE L. MAISON
17, RUE DE TOURNON

1855

HOMMAGE

A SON ALTESSE MOHAMMED SAÏD-PACHA

VICE-ROI D'ÉGYPTE

Comme à l'un des princes les plus éclairés de l'Orient, à un prince capable de rendre à l'Ethiopie l'importance et la prospérité qu'elle a eues autrefois.

POURQUOI CE LIVRE

Aucune époque n'a été aussi féconde que la nôtre en productions de l'esprit. Jamais les œuvres scientifiques et littéraires n'ont été aussi abondantes et aussi variées, et nous sommes loin du temps où un littérateur d'élite n'arrivait à subvenir aux premiers besoins de la vie, qu'en servant de secrétaire à quelque grand seigneur, qui le reléguait sous les toits d'un de ses châteaux, et lui fournissait sa nourriture de chaque jour en échange des petits services rendus. Il est vrai qu'alors on pensait beaucoup et on écrivait peu, tandis que maintenant nous pensons généralement peu, mais en revanche nous écrivons beaucoup. Tout jeune homme qui vient de quitter les bancs du collége ou de la Faculté, qui est doué de quelque esprit et qui sait aligner proprement les mots et les phrases, aspire à produire des œuvres littéraires, à les livrer à l'impression, et il convoite avec ardeur cette demi-célébrité de l'écrivain à la mode. A défaut d'études sérieuses, de pensées bien digérées, il écrit tout ce qui lui passe dans le cerveau, il se pose en fantaisiste; ou bien, croyant arriver plus vite à fixer l'attention et à soulever la critique, il s'attaque à nos grands penseurs, à nos profonds philosophes, faisant cavalièrement table rase de tout ce qu'ils ont écrit, et il ne tarde pas à se persuader à lui-même qu'à l'instar du célèbre guerrier, il est venu, a vu et a vaincu.

Certain que la voie actuelle est très-préjudiciable aux lettres, aux sciences et même aux arts, en même temps qu'elle est souvent fatale à ceux qui la parcourent, je n'aurais jamais écrit une ligne de ce livre, si je n'avais pas eu la ferme persuasion de son utilité. Loin d'envier certains hommes de science qui font avec de vieux livres des œuvres nouvelles, ou plutôt rajeunies, je n'eusse point saisi la plume si je n'avais considéré comme un devoir d'apporter au grand jour de la publicité les faits et les documents, la plupart inconnus jusqu'ici, dont j'étais en possession.

A *côté du grand précepte « connais-toi toi-même, »* il en est un autre qui n'a pas une portée moins élevée, quoique n'ayant pas été inscrit aussi souvent : c'est celui-ci, « connais au moins tes semblables. » Et ce précepte, pris dans son acception la plus large, ne se borne pas à nous prescrire d'étudier les hommes au milieu desquels nous vivons, ceux que nous fréquentons depuis notre enfance et dont nous tenons tout ce que nous savons ; ceux auxquels nous devons en grande partie nos qualités et nos défauts, les hommes de la civilisation en un mot. Il nous dit encore que des millions d'hommes qui habitent la même terre que nous nous sont complétement inconnus, que nous ne savons rien de leurs mœurs, de leurs habitudes, de leurs coutumes, que nous ne connaissons pas les régions qu'ils habitent, et que nous sommes plus ignorants à l'égard de ces êtres, qui appartiennent cependant à la grande famille humaine, que nous ne le sommes des quadrupèdes ou des oiseaux dont Buffon, Cuvier et tous les savants naturalistes nous ont peint les traits et le caractère.

Diverses circonstances m'ayant jeté dans une vie aventureuse et nomade, il m'a été donné de voir et d'étudier les hommes et les choses dans des zones presque inconnues aux Européens. J'ai pu, en remontant le fleuve Blanc à diverses époques, faire ou compléter des études géographiques de quelque importance. Je suis entré en relation avec des tribus sauvages dont le nom même était inconnu jusqu'ici, et j'ai établi avec ces tribus des rapports qui pouvaient être utiles à nos compatriotes et aux indigènes. En créant le commerce de l'ivoire, au milieu de ces peuplades éloignées, j'ai eu le bonheur d'y importer les premiers éléments de la civilisation, et la satisfaction que j'en ai éprouvée a été beaucoup plus précieuse pour moi que les résultats matériels que j'ai obtenus. Malheureusement mes efforts n'ont pas toujours été compris et secondés, ainsi qu'on le verra dans le cours de cet ouvrage; j'ai eu souvent à lutter contre la jalousie, la haine, le mépris du droit des gens, les passions cupides et la violence, mais le courage ne m'a jamais manqué pour marcher droit à mon but.

Au milieu des luttes que j'ai eu à soutenir, j'ai toujours été consolé par la pensée qu'elles auraient un résultat favorable pour l'humanité; et si j'ai pris la résolution d'écrire cet ouvrage, c'est encore parce que j'ai cru que les documents qu'il renferme auront une valeur réelle pour les individus qui auront à nouer des rapports avec les habitants de cette partie de l'Afrique. Pour faire jouir le monde civilisé de tout ce que nous promettent les contrées du Soudan et celles qui les avoisinent, il ne faut que vouloir, et nul doute qu'*il* ne se trouve un jour un gouvernement qui entrera franchement dans cette voie. Alors tous les documents antérieurs deviendront les premiers jalons des recherches futures, et seront pour ainsi dire la boussole qui servira de guide.

J'aurais pu faire un travail beaucoup plus volumineux, soit en entrant dans des détails secondaires, soit en me livrant à des hypothèses sur ce que je n'avais pas vu de mes propres yeux, mais je n'ai rien voulu écrire que je n'aie observé attentivement. Lorsque je plantais ma tente au milieu des sauvages, m'initiant à leur vie habituelle et même à leur langage, je ne songeais nullement à publier ce que je voyais et ce que j'entendais ; mais, doué d'un esprit naturellement observateur, je n'ai rien oublié d'important, et je suis au moins certain de ne pas avoir eu recours à mon imagination pour créer mes impressions de voyages, ainsi que cela est trop souvent arrivé à nos littérateurs modernes.

Au lieu de fatiguer le lecteur par une espèce de journal indiquant les dates exactes, les jours et les heures de mes excursions, j'ai préféré lui donner une sorte de résumé de ces curieux voyages, le transportant, pour ainsi dire, d'un seul bond au milieu de ces régions escarpées et en lui épargnant les labeurs de chaque jour; car, il faut bien l'avouer, lorsque l'on parcourt des pays agrestes où le pied de l'homme laisse à peine sa trace, où la civilisation n'a pas encore apporté toutes les commodités et le confortable que ne dédaignent pas nos touristes d'Europe, tous les jours ne sont pas des jours de joie et de plaisir, et j'eusse regretté d'obliger le lecteur à parcourir péniblement la route. Ceux auxquels mon livre n'aura pas été d'une utilité réelle, y auront au moins trouvé la satisfaction de leur légitime curiosité et l'oubli passager, du moins, je l'espère, des ennuis qui viennent trop souvent nous assaillir.

Les personnes qui liront ce livre dans le but d'être renseignées sur un voyage prochain dans ces curieuses contrées, ne devront pas éprouver la crainte d'avoir, comme moi, à souffrir du mauvais vouloir des gouverneurs généraux du Soudan égyptien. Sous l'administration éclairée de Saïd-Pacha, vice-roi actuel de l'Égypte, de pareils faits ne peuvent plus se renouveler. La haute protection que ce prince accorde au commerce, ses idées bien arrêtées contre l'esclavage des noirs (1), prouvent que sous son règne l'Égypte

(1) Les journaux français enregistraient, au commencement de janvier dernier, la correspondance suivante, datée du Caire :

« Le vice-roi, tout en s'occupant de la réorganisation de l'armée, poursuit avec persévérance son œuvre de réforme. Plusieurs décisions très-importantes, récemment prises par lui, en fournissent une nouvelle preuve.

« Son Altesse vient d'interdire l'introduction des esclaves dans toutes les provinces placées sous son administration. Les ordres les plus formels sont déjà donnés à ce sujet dans les ports de la mer Rouge et sur tous les points de la frontière du sud, par lesquels se faisait l'importation des noirs ou des Abyssins. Quant aux esclaves qui se trouvent actuellement en Egypte, ils resteront provisoirement dans la même situation (un changement sur ce point eût trop profondément bouleversé l'économie de la famille musulmane); mais le principe est posé, et l'esclavage doit, dans un avenir peu éloigné, disparaître entièrement de l'Égypte. »

est entrée dans une ère nouvelle à laquelle l'Europe applaudit, ce qui doit encourager les voyageurs.

BRUN-ROLLET.

LE

NIL BLANC

ET LE SOUDAN

Le plus grand nombre des personnes à qui j'ai parlé de mes voyages, et fait part des réflexions qu'ils m'avaient suggérées, ont désiré connaître les motifs qui me décidèrent à quitter mon pays. Comme il est possible que mes lecteurs aient la même curiosité, je crois devoir dire en peu de mots ce qui pourra la satisfaire. Ceux pour lesquels ces détails intimes seraient sans intérêt, n'auront qu'à tourner quelques feuilles de ce livre pour se trouver à l'embouchure du fleuve blanc dont je dois les entretenir.

Je naquis à Saint-Jean de Maurienne (Savoie). C'est une ville d'origine très-ancienne, où l'on voyait, il y a peu de temps encore, un arc de triomphe qui attestait que Marius y avait passé après avoir vaincu les Cimbres et les Teutons. Elle est entourée de hautes montagnes au pied desquelles coulent, au sud la rivière de l'Arc, au nord et à l'est deux torrents qui, à chaque grande crue, menacent d'engloutir la ville, comme cela est arrivé, si je ne me trompe, en 1813. La vallée et les côteaux fournissent tout juste le blé et le vin nécessaires à l'alimentation de trois à quatre mille habitants qui forment la population de la ville; et comme les propriétés territoriales sont la seule richesse du pays, il en résulte que les uns sont pauvres de tout ce que les autres ont de surplus; malheureusement pour moi, j'étais né dans la première catégorie.

On conçoit que, dans un pays pauvre, entouré de montagnes, et appartenant à un petit État qui nous traite encore comme des étrangers, l'éducation soit restreinte et l'avenir borné comme notre horizon. Rien n'alimente l'activité d'esprit de mes compatriotes, et, faute d'éléments pour se développer, l'intelligence du plus grand nombre croupit dans une inertie déplorable.

Ceux qui, chez nous, ne peuvent être rentiers, mais qui veulent et peuvent être autre chose que cultivateurs, ouvriers ou petits marchands, vont au collége où l'on n'enseigne guère que le latin, pour s'acheminer plus tard vers les écoles de droit, de médecine ou de théologie. Ceux qui restent en chemin deviennent ou rien, ou employés des diverses administrations du gouvernement, qui les rétribue de manière à ne pas les laisser dans la misère. Il y a bien encore quelques individus ayant des professions insolites, et, parmi ceux-ci, un ou deux usuriers font d'assez bonnes affaires, surtout depuis la dernière guerre d'Italie ; mais je ne les cite ici que pour mémoire.

A l'époque où j'étais collégien de Saint-Jean, il n'y avait dans la ville qu'un seul libraire ; il était manchot, en sa qualité de débris de la grande armée, et, devenu dévot, il ne vendait que des livres de classe ou des livres d'église; il possédait bien encore quelques ouvrages littéraires, mais cela se bornait aux *Méditations de M. de Lamartine*, aux *Œuvres de M. de Maistre* et autres du même genre. Il lui était d'ailleurs difficile de fournir autre chose à ses clients, car la censure ecclésiastique, qui résidait à Chambéry, fermait hermétiquement les portes de la Savoie à tout ce qui lui portait ombrage. Les œuvres des philosophes, quelle que fût la forme empruntée par leurs auteurs, étaient sévèrement repoussées; et, traités philosophiques, romans, pièces de théâtre, etc., étaient impitoyablement arrêtés sur le crible de la censure. Notre pays était, pour ainsi dire, un autre monde privé du grand soleil que fait luire la pensée; car les rayons qui parvenaient jusqu'à nous étaient tellement pâles, qu'ils ne pouvaient nous apporter ni vie ni chaleur.

Pendant que je végétais avec mes jeunes compatriotes, aspirant, ainsi que quelques-uns d'entre eux, à connaître les grands maîtres en l'art de penser, il se trouva pour moi deux êtres providentiels qui me firent respirer l'air vivifiant dû à ce soleil dont je parlais tout à l'heure. Et, chose bizarre, c'est à deux prêtres, c'est à leurs bienfaits que je dus l'insigne faveur de penser, de voir, de toucher, pour ainsi dire, ce que les autres ne soupçonnaient qu'à peine dans le pays que j'habitais. L'un d'eux était M. le chanoine Angley, mort il y a un peu plus de deux ans ; l'autre, monseigneur Billet, maintenant archevêque de Chambéry. Monseigneur m'avait pour ainsi dire logé dans sa riche bibliothèque, où il daignait me donner souvent des leçons de botanique, et là je trouvais un ample aliment à mon ardente curiosité.

Bientôt je sus presque par cœur les Œuvres de Rousseau, de Voltaire et d'autres libres penseurs; je lus avec une égale avidité les ouvrages de MM. de Maistre, de Bonald et des auteurs du même genre auxquels Rome délivrait des passe-ports, mais que ma bourse, hélas! peu garnie, ne me permettait pas d'acheter.

Il m'est doux de rendre ici un témoignage public de reconnaissance aux deux vénérables ecclésiastiques que je viens de désigner.

Le bien digne prélat de Chambéry, envers lequel je ne pourrai jamais m'acquitter, saura au moins tout ce que mon cœur a gardé pour lui de gratitude, de dévouement et de respect.

Cette sorte de travail intellectuel auquel je

me livrais chaque jour, contribua puissamment à me doner d'un jugement exact, et je sus apprécier de bonne heure et les faibles ressources que m'offrait ma patrie, et celles que pouvaient me fournir mon courage et mon activité, si je me trouvais un jour dans un milieu où je pusse les faire valoir. Je pouvais essayer de devenir médecin ou avocat; mais les uns et les autres gagnent annuellement, dans ce pays, de douze cents francs à deux mille francs, ne reçoivent à peu près que l'intérêt du capital qu'il a fallu dépenser pour leurs coûteuses études. Et, en admettant que je pusse trouver à emprunter ce capital, ce qui n'était guère probable, comment le rembourser un jour? Avec mon caractère indépendant, je n'eusse jamais consenti à acheter par un mariage *d'argent* la libération de ma dette. J'avais d'ailleurs sur la jurisprudence en usage chez les nations dites civilisées, des idées particulières qui ne m'eussent guère permis d'étudier le droit qu'avec dégoût.

J'aurais pu choisir encore l'état ecclésiastique, et celui-là m'était largement ouvert; mais, malheureusement, j'avais peu de vocation pour cette profession; je me voyais, par anticipation, dans des positions qui répugnaient à mes idées philosophiques; il me semblait que je prêchais déjà mes paroissiens, et que, censurant leurs amourettes de village, je les effrayais en leur parlant des tisons de Lucifer. Bref, je refusai de me faire prêtre, et je dus chercher une autre carrière.

Après avoir bien réfléchi, je fus bientôt convaincu que je ne pouvais être bon à rien en Savoie, et peut-être en Europe; je me rappelai le chant d'Alexandre Guiraud sur le *Petit Savoyard*, et je me dis : « Pauvre petit, pars pour la France. »

J'aurais bien voulu suivre immédiatement la route de Paris; cette grande cité eût été sans doute la réalisation de mes rêves; je la voyais sous les couleurs les plus séduisantes, et j'eusse tout donné pour être à même de visiter ses merveilles. A tout cela, il y avait un obstacle insurmontable : je ne possédais que très-peu d'argent, et je n'aurais pu faire à Paris qu'une courte apparition, après laquelle je n'eusse pas été plus avancé qu'auparavant. Il était donc plus raisonnable de me rendre à Marseille, où je ne tarderais sans doute pas à trouver moyen de m'embarquer. Mon plan était arrêté : je savais qu'en Europe l'argent était la clef de tout et gouvernait toutes les positions, et puisque je ne possédais pas ce talisman qui assure à celui qui le porte un nom et une place au soleil, je voulais aller chez les sauvages, où le vil métal était inconnu.

Je trouvai en arrivant à Marseille un navire prêt à partir pour l'Égypte, et je m'embarquai sans hésitation, après avoir donné un soupir à ceux qui, pour moi, avaient été toute la patrie. Je m'élançai vers l'inconnu; je ne savais si j'allais au-devant de la misère ou de la fortune, du désespoir ou de la gloire; mais qu'importe à vingt ans!...

Le lecteur trouvera juste que je lui fasse grâce et de mon voyage, et de mon arrivée, et de mes impressions sur l'Égypte. Je ne pourrais d'ailleurs faire que des redites, car des plumes plus exercées que la mienne ont depuis longtemps initié le public à toutes les merveilles de ce beau pays, qui occupe l'une des plus belles situations du globe, qui fut le berceau de la civilisation, et dont les destinées futures sont incalculables. J'ai hâte, d'ailleurs, de le conduire dans des pays plus agrestes, chez des peuples plus neufs, aux mœurs peu connues, et où une foule de choses curieuses sont à apprendre. Une rencontre que je fis en Égypte hâta l'exécution de mes projets et détermina ma destinée.

Je fis connaissance d'un voyageur français qui venait du Kordofan, où il avait acquis une petite fortune en faisant le commerce de la gomme. Il repartait pour l'Abyssinie, et je résolus de l'accompagner; il avait été, pendant les Cent Jours, chef de bataillon, chevalier de la Légion d'honneur et depuis exilé. Il avait ensuite rendu de grands services à Ibrahim-

Pacha dans sa guerre contre les Wahubètes, et il avait été aide de camp de ce chef.

Nous partîmes au commencement du mois d'octobre 1831, et arrivâmes à Callabad, sur les confins de l'Abyssinie, le 21 mars 1832, toujours campant à la belle étoile, au milieu des déserts que nous traversions, de préférence aux villes, afin d'éviter les droits onéreux des octrois qui étaient alors établis dans les cités riveraines du Nil. Il y avait pour nous une immense jouissance à vivre ainsi en liberté et à nous reposer de la fatigue d'être restés dix-sept ou dix-huit heures sur le dos d'un chameau. Pourtant, la force de l'habitude l'emportait parfois sur cette satisfaction, et je me surprenais à regretter le petit confortable dont je jouissais dans mon pays, et à me souvenir avec quelque amertume de la vie facile qu'on pouvait y mener. Cependant, pour faire évanouir cette faiblesse, je n'avais qu'à me rappeler qu'on avait voulu m'affubler d'une soutane, et songer qu'un empereur romain avait dépensé des millions, et lassé tous ses architectes, pour se faire construire un dôme qui imitât celui que j'avais chaque jour resplendissant d'éclat sur ma tête; aussitôt les regrets cédaient la place, et je me trouvais presque heureux. Je parcourus ainsi la plupart des provinces du Soudan égyptien.

MM. d'Arnaud et Thibaud avaient déjà remonté le vrai Nil jusqu'au 4e degré 1/2 de latitude nord, avec les expéditions que Mohamed-Aly avait ordonnées, lors de son passage au Sennar. Les rapports de ces messieurs sur les tribus qu'ils avaient visitées, et qui, jusqu'alors, étaient restées inconnues, m'avaient fait comprendre qu'on pourrait établir avec elles des rapports lucratifs du plus haut intérêt pour la géographie. Je résolus donc de remonter le Nil, afin d'augmenter les relations que mes prédécesseurs avaient ébauchées avec les riverains de ce fleuve. A cet effet, je me rendis au Caire, où j'achetai deux barques que je conduisis à travers les cataractes jusqu'à Carthum, d'où je comptais commencer mon expédition.

Quand le gouverneur général connut mes projets, il me fit, malgré mon firman (permis), toutes sortes de difficultés, et me créa de nombreux obstacles, afin de m'empêcher de diminuer les bénéfices qu'il voulait réaliser sur le haut Nil. Depuis, en 1845, on en vint jusqu'à me faire attaquer entre le 5e et le 6e degré de latitude nord, comme je le raconterai plus tard. Caled-Pacha défendit, à mon retour, au grand cadi de Carthum de recevoir mes plaintes et d'entendre mes témoins. Ce ne fut que deux ans après, sur mes instances, et par ordre d'un autre gouverneur plus équitable (Soliman-Pacha, blessé depuis à Eupatoria), que le tribunal reçut les dépositions de ces derniers, parmi lesquels se trouvaient les gens de mes agresseurs, Ali-Effendi et Soliman-Aga, sous-lieutenants, commandant l'expédition du gouverneur.

Le Nil, comme chacun sait, est formé par la réunion du Bahr-el-Azrek ou fleuve Bleu, et celle du Bahr-el-Abiad ou fleuve Blanc. Ces deux branches importantes une fois confondues, le Nil descend par plusieurs cataractes en Egypte, se divise encore au Caire et se jette enfin dans la Méditerranée par deux embouchures principales, à Damiette et à Rosette. Le fleuve Bleu passa longtemps pour la véritable origine du Nil; mais il est bien établi maintenant que le Nil Blanc, beaucoup plus important, est le vrai Nil.

Les voyages sur le Nil se font en bateaux pourvus de chambres à l'usage des voyageurs; ils portent environ 300 quintaux. Leur personnel se compose de huit ou dix hommes d'équipage, mais on double ce nombre pour les hautes rives du fleuve Blanc. Chaque bateau est en général armé de dix fusils pour sa défense. La longueur du mien est d'environ 70 palmes, et la largeur de 12 à 14, dont le tiers est occupé par deux chambres peintes et un cabinet de 5 pieds 1/2 enviro de hauteur. Sur le pont, s'élèvent deux mâts portant deux grandes voiles latines, qui, croisées et tendues par un vent de poupe, ressemblent à deux ailes de colombe. Près de la proue est ma cuisine, en plein vent, surmontée de deux marmites, autour desquelles s'agite mon cuisinier noir. L'espace inférieur du bateau est occupé par une vingtaine de marins et domestiques qui causent et fument la pipe dans les moments de repos que laissent les manœuvres. Devant ma chambre sont étalés douze fusils à deux coups, puis un petit canon qui court sur son affût, de babord à tribord, selon le besoin.

Les provisions de bouche, proportionnées au nombre de l'équipage, sont faites pour quatre à cinq mois, bien que l'on trouve à faire des échanges de viande et de légumes avant l'expiration de ce terme. C'est au moyen de verroteries ou couteries, ces deux mots sont synonymes, que s'opèrent ces échanges, et les provisions sont loin d'être de mauvaise nature, ou toujours uniformes ; car on se procure auprès des naturels de la viande de bœuf et de mouton, des œufs, des légumes, des courges, des haricots, des pois, du miel, des poulets, etc.

L'équipage des bateaux se compose ordinairement d'hommes de la province de Dongolah ; ceux-ci sont les marins, et sont payés à raison de 7 francs par mois, plus le maïs blanc qui est nécessaire à leur nourriture. Comme soldats, on emploie, en général, des militaires noirs renvoyés de l'armée égyptienne. On les paye, ainsi que les autres hommes capables de se servir d'armes à feu, de 10 à 15 francs par mois. Le raïs, ou capitaine qui dirige les barques d'expédition, reçoit ordinairement 25 fr. par mois.

Chaque voyage dure environ quatre mois, tant sur l'eau que sur terre; car il faut comprendre, dans ce laps de temps, les haltes que l'on est obligé de faire pour établir des relations, faire du commerce, des échanges, etc. On part généralement dans les premiers jours de novembre, époque à laquelle les vents du nord commencent à se fixer, et peu d'expéditions se prolongent au delà du mois de mars; car alors, au delà du 10e degré de latitude, commencent les pluies et les orages.

J'ai fait plusieurs voyages, dirigeant moi-même l'expédition, et tâchant d'établir de bonnes relations avec les tribus de l'intérieur, pour améliorer et augmenter le commerce de l'ivoire. Dans les premières années de mes plus longues courses, c'est-à-dire en 1843, 44 et 45, ce commerce ne s'élevait pas à plus de 180 ou 200 quintaux; cette année, il s'est accru et est monté à 800 ou 900 quintaux. Je puis dire que j'ai puissamment contribué à l'établir, malgré les difficultés sans nombre qui m'ont été suscitées par les gouverneurs du Sennar, qui ont voulu s'arroger le monopole du commerce de l'ivoire, dès qu'ils ont eu connaissance de la première expédition tentée dans ce but.

Le fleuve Blanc prend en travers le fleuve Bleu, à peu de distance de Carthum; il semble le repousser au loin, comme s'il refusait de couler avec lui. Ces deux fleuves s'unissent ensuite jusqu'à la première cataracte de Guerri; mais côte à côte et sans mêler leurs eaux. Au delà de sa jonction avec le fleuve Bleu, à Oum-Dorman, le Nil ressemble à une belle nappe d'eau dont les rives se perdent, pendant l'inondation, sous l'ombre des mimosas gigantesques qui bordent le désert. Ces beaux arbres séculaires semblent sortir du fleuve à la surface duquel ils se reflètent, en dessinant des paysages. Quelques mois plus tard, ces mimosas abriteront les tentes des Arabes que la soif et le simoun auront chassés des steppes de l'intérieur. Des troupes d'antilopes viendront se mêler aux troupeaux nomades, pour brouter le gazon que le Nil découvre en se retirant.

Les principales tribus que l'on rencontre sur

ses rives, sont les Hassanieh et les Bakkara. On trouvera toujours chez eux un ombrage frais et de jolies femmes qui viendront vous offrir du bon lait, et qui, après le repas, danseront autour de vous, dans l'espoir que leurs grâces et leur bon vouloir vous engageront à leur faire quelque petit présent. Il n'y a pas à s'inquiéter des curieux qui se montreront derrière les danseuses, la lance à la main ; ce ne sont point des importuns jaloux, mais, au contraire, des époux bien intentionnés, qui savent que l'étranger ne doit pas s'ennuyer chez eux, et que leurs femmes seules sauront rendre courtes les heures que leur hôte doit passer sous leur toit. Ils seront même plus flattés que jaloux des hommages que vous rendrez à leurs charmes, ainsi que le témoigne le récit suivant.

Dans un de mes voyages à Kordofan, je fus

surpris par la nuit en vue de quelques tentes d'Hassanieh; j'en choisis une qui se trouvait vide pour y passer la nuit, et je m'y couchai après avoir soupé et vu danser, à la lueur de mon fanal, les belles qui s'étaient chargées de reculer l'heure de mon sommeil.

Le lendemain, je partis de bon matin, et j'avais déjà fait plus d'une heure de chemin, lorsque je fus accosté par un homme monté sur un dromadaire ; c'était le maître absent du toit qui m'avait abrité, mon hôte, en un mot. Revenu chez lui peu après mon départ, il avait appris de ses deux filles que j'avais été assez galant avec elles pendant la danse, généreux après, mais que j'avais sagement dormi seul près de leur tente. Cet homme, aussi étonné que fâché de ma réserve, crut qu'il y avait de sa faute ou de celle de ses filles, et, pour réparer leurs torts, il voulait absolument me faire retourner chez lui. Je fus obligé, pour me débarrasser de son importunité, de lui promettre de le voir à mon retour.

L'usage accorde aux jeunes filles hassanieh qui se marient le droit de prélever sur les droits de l'hymen la part des étrangers, qu'elles appellent leur *quart franc,* tandis que les plus jolies bakkara restent libres, ou divorcent pour le bonheur des oisifs. Les étrangers peuvent aller chez elles oublier les heures d'ennui que leur donne la monotonie de leur existence. Beaucoup de voyageurs ayant déjà visité les tribus dont je parle pourront, bien ne pas connaître ces usages; mais il faut savoir que les habitants de l'Afrique centrale ne se montrent tels qu'ils sont qu'à ceux qui parlent bien leur langue et qui séjournent un certain temps avec eux. Ils fuient et détestent les étrangers qui leur parlent par signes, qui portent des habits indiquant leur origine et le pays d'où sont venus leurs oppresseurs.

Ces tribus sont établies dans le Soudan depuis quatre cents ans environ. Les *Bakkara* ou *Vachero* ont acquis ce nom à cause de leur prédilection exclusive pour l'éducation des bêtes à cornes, qui leur rendent les mêmes services que nos bêtes de somme. Le véritable nom de leur tribu est *Gema*, et ils la font descendre de la grande famille des Elalis, fraction de la célèbre tribu des *Koreischs* d'où est sorti leur Prophète.

Ils avaient autrefois des chameaux, et les guerriers seuls nourrissaient des chevaux; mais Hakem, un des rois du Sennar, les ayant combattus et les ayant défaits il y a environ 160 ans, leur enleva ces deux races d'animaux et leur défendit, sous peine de mort, d'en élever, afin d'empêcher ce peuple d'augmenter sa puissance, et aussi pour le mettre dans l'impossibilité d'étendre au loin ses brigandages.

Les Bakkara dissimulent ou ignorent aujourd'hui cette tradition, et ils motivent l'absence de chameaux dans leurs contrées en disant que cet animal est une monture incommode pour circuler dans les forêts épineuses, qui servent souvent d'asile aux cavaliers poursuivis par leurs ennemis.

Ce peuple est toujours en guerre avec les *Chelouk*, qui lui volent ses bestiaux, et les nègres Noba dont il fait la traite. C'est la plus forte tribu que je connaisse : elle s'étend depuis Eleis jusqu'au Darfour, entre le Misslad, le Nil et les montagnes Noba.

La seule famille des Risekats, tributaires du

Darfour, a détruit en trois ans les trois armées successives que le sultan de ce royaume avait envoyées contre eux, pour les remettre sous son joug. Ce n'est qu'avec des troupes considérables que le gouvernement turc put vaincre et faire contribuer les fractions qui se trouvaient sur ses frontières. Avant la domination des Foudj, ces peuples étaient tout-puissants dans le Sennar, qu'ils ont plusieurs fois ravagé.

Au delà d'Eleis, on ne trouve plus ni villages peuplés d'Arabes, ni champs cultivés; hors des frontières du gouvernement turc, on entre dans la solitude et le silence qui règnent entre les peuplades barbares qui s'enlèvent tour à tour leurs enfants et leurs bestiaux. Le droit qui règne est le droit du plus fort, et il faut se méfier de tous ceux qui n'ont pas peur de nous. Cette contrée est cependant l'une des plus belles du Soudan et pourrait devenir l'une des plus productives. Le fleuve est divisé par des îles nombreuses et cultivables, qui de loin ont l'aspect de magnifiques jardins. Elles sont ombragées par de gigantesques mimosas qui laissent pénétrer à peine quelques rayons de soleil, et forment au milieu du Nil un archipel de plus de 60 lieues. Leur sol est couvert de gousses d'acacias dont on fait d'excellent tannin. Les branches mortes, les arbres tombés au hasard, aux pieds d'autres arbres plus vigoureux, encombrent les voies que le pied humain pourrait y tracer.

Ces îles doivent à leurs obstacles naturels d'être le refuge des *Chelouk* qui n'ont pas assez de vaches pour trouver à se marier ou pour nourrir leur famille, et qui viennent s'y camper aux approches des vents du sud. Ils vivent du fruit de leur pêche jusqu'à ce qu'ils soient parvenus à dérober aux Arabes, par ruse ou par force, quelque butin assez considérable pour leur permettre de s'en retourner dans leur tribu. Pour arriver à ce résultat, ils épient les Arabes et tâchent de découvrir l'endroit où ces derniers font boire leurs troupeaux. Une fois qu'ils l'ont découvert, l'attaque se prépare; ils se réunissent en flottilles de trente à quarante pirogues qu'ils font glisser pendant la nuit le long de la rive opposée, afin de ne pas être aperçus. Parvenus à l'endroit désigné, ils cachent leurs embarcations dans des anses ou dans les longues herbes qui bordent les îles, et s'y tiennent immobiles et silencieux jusqu'au moment où les bestiaux, pressés par la soif, se précipitent dans le fleuve. Alors, si l'escorte qui conduit les troupeaux est peu nombreuse, les Chelouk s'élancent avec leurs pirogues qui se trouvent en un instant au milieu des animaux ; ils sautent à terre la lance à la main, tuent ou mettent en fuite les gardiens, embarquent promptement les bœufs et les moutons et retournent à leur île avant que les Arabes, dont les camps sont ordinairement à une heure ou une demi-heure de marche du Nil, aient pu être prévenus de ce désastre.

Les Arabes se contentent, au moment du pillage, d'injurier et de menacer les Chelouk, qui ont sur eux l'avantage que leur donnent l'habitude de la natation et leurs embarcations. Une fois la victoire bien constatée, et après que les pillards ont enlevé une partie du butin en écoutant de loin les vaines menaces et les injures des pillés, les uns et les autres entrent en arrangement. Les Arabes rachètent une partie de leurs bestiaux et abandonnent le reste ; puis vainqueurs et vaincus se retirent, satisfaits en apparence ; ceux-ci attendant l'occasion de se venger, et ceux-là celle de recommencer leurs brigandages.

Il arrive quelquefois que les Arabes, ayant connaissance de l'arrivée et des projets des Chelouk, les attendent de pied ferme ; alors, s'embusquant derrière les taillis qui bordent le rivage, ils tombent sur les nègres au moment où ceux-ci sautent à terre, les séparent de leurs embarcations et les font prisonniers, pour les vendre ensuite dans le Sennar ou dans le Kordofan.

Les îles dont je viens de parler n'ont pas toujours été incultes ; elles ont autrefois fait vivre dans l'abondance une nombreuse population ; cela est prouvé par les restes de poterie et de brique rouge qu'on trouve sur les terres les plus élevées, c'est-à-dire sur celles que l'inondation ne couvre pas, telles que les iles *Oum-Abali*, près d'Eleis ; *Oum-Giamouz* et *Aba* qui a plus de dix lieues de longueur. Ces iles ont souvent dû fêter l'arrivée des équipages de ces flottilles, qui venaient chargées des richesses de de l'ouest par le Misslad, et du sud par le Kari ou fleuve Blanc.

Elles offrirent en 1288 une retraite sûre à Chemamoun, roi de Dongolah, chassé de sa capitale par Keloun, sultan d'Égypte. Le vaincu réussit dans son exil à se faire assez de partisans pour reconquérir son royaume et en chasser son neveu David, qui avait usurpé son trône, à l'aide de ces étrangers qu'il avait appelés à lui.

Les îles du fleuve Blanc furent ravagées au quinzième siècle par les Chelouk et les Bakkara, alors que les fanatiques tribus venues de l'Edja faisaient leur proie de ce qui restait de l'ancien royaume de Méroé. Depuis ce temps ces riches et belles contrées ont été abandonnées aux bêtes féroces et aux brigandages des Chelouk et des Bakkara. Les rois du Sennar, et ceux qui leur ont succédé, ont oublié qu'elles avaient été autrefois une des provinces les plus importantes de l'Éthiopie, et ne se sont pas occupés de les remettre sous leur joug, afin de profiter de leurs richesses. Mohamet-Aly, avec l'instinct de son génie, a seul compris, jusqu'ici, l'importance de la navigation du fleuve qui entoure ces îles; mais si l'on ne parvient pas à réprimer les brigandages que quelques expéditions se permettent sur les hautes rives du Nil, cette navigation sera perdue pour des siècles.

J'ai fait il y a quelques années de fréquents voyages chez les Chelouk et chez les Bakkara, pour tâcher de leur faire connaître et apprécier la valeur des forêts de gommiers qui couvrent une partie de leurs terres. La gomme était jusque-là perdue pour le commerce, parce que ni les gens du fisc, ni les étrangers n'avaient osé faire de *récoltes sur un sol qui se trouve* en dehors des frontières du gouvernement.

J'ai gagné la confiance des Chelouk en leur donnant des toiles, du tabac à fumer et des oignons, dont ils sont très-friands. Grâce à ces cadeaux qui flattaient leur odorat, leur goût et leur coquetterie, j'abordais impunément au milieu d'eux et pouvais acquérir de l'ivoire, des courbaches (lanières de peau d'éléphant ou d'hippopotame *dont les indigènes font des cordes* on des fouets) et de la gomme, moyennant des verroteries que je donnais en échange.

Il est vrai qu'il existait entre les Chelouk et moi un motif plus puissant de confraternité ; ils me devaient la liberté de six des leurs et la restitution de neuf de leurs pirogues, dont les Arabes Lawins s'étaient emparés à la suite d'un conflit auquel j'avais presque assisté, dans un de mes premiers voyages. Voici le fait :

Je devais m'arrêter à l'île Kutayah, en face du camp des Lawins; Agi-Mohammet-El-Edjasi, le possesseur des sakies désignées sur la carte de M. d'Arnaud, se trouvait dans une barque. En approchant de l'île, nous aperçûmes un grand nombre de nègres, qu'à leur tumulte et à leurs mouvements nous jugeâmes être aux prises avec les Arabes. Bientôt ils se dispersèrent en tous sens, les uns dans les forêts, les autres dans leurs canots; puis nous vîmes sur le Nil deux points noirs qui semblaient onduler avec les vagues, monter et disparaître avec elles : c'étaient les têtes de deux Chelouk, qui, en se sauvant à la nage vers l'île de Chaondl, avaient perdu leurs forces et allaient se noyer. Une barque montée de Lawins s'étant détachée pour aller les prendre, nous fîmes force de voiles pour la devancer, et nous fûmes assez heureux pour tirer de l'eau ces nègres, à moitié morts de peur et de froid.

Après les avoir réchauffés avec de l'eau-de-vie et leur avoir donné quelques vêtements, nous nous rendîmes au lieu du combat. Nous y apprîmes que les Chelouk étaient arrivés quelques jours auparavant pour vendre des dents d'éléphants et des lanières de peau d'hippopotame, dont les habitans d'Eleis font des courbaches. Les Lawins les avaient bien reçus, leur avaient donné des moutons, du dourah et de la mérisse (bière) en abondance; mais les Chelouk, une fois rassasiés, avaient eu l'impudence de demander des femmes au chef de la tribu. Celui-ci, outré d'une telle hardiesse, avait soulevé ses gens contre les hôtes qu'il accusait de cacher des intentions hostiles. Les Arabes s'étant armés aussitôt, entourèrent les Chelouk pour les observer. Ceux-ci, ne comprenant pas la susceptibilité maritale des Arabes, crurent à une trahison et se mirent en défense; mais à la vue de nos voiles, qu'ils avaient prises pour des voiles turques venant au secours de leurs adversaires, les nègres s'étaient dispersés pour ne pas se trouver entre deux feux. Neuf de leurs canots et quatre des leurs, dont deux grièvement blessés, étaient restés au pouvoir des Lawins, qui avaient également quelques blessés.

Bien que je trouvasse que les Chelouk avaient mérité, par leur insolence, la leçon qu'ils venaient de recevoir, je résolus de leur faire rendre leurs prisonniers et leurs bateaux. Je me rendis près des chefs arabes, et, après leur avoir fait quelques cadeaux, je leur fis comprendre qu'ils devaient cesser toute hostilité dans l'intérêt même de leur propre sûreté. Mohamet-Ali-Pacha ayant défendu de maltraiter les sauvages, afin d'éviter leurs représailles vis-à-vis de ses sujets, les Arabes devaient rendre leurs prisonniers, s'ils ne voulaient pas être bientôt tenus de donner plus qu'ils n'en auraient retiré, et ils subiraient en outre un châtiment, pour avoir transgressé les ordres du gouvernement. Ces raisons prévalurent et la paix se fit.

On me rendit les prisonniers et les pirogues, et bientôt, montant les unes et remorquant les autres, les Chelouk s'en furent raconter à leurs compatriotes comment ils avaient été délivrés.

Quant aux Bakkara, leur bienveillance me fut surtout acquise en leur vendant des toiles et en fournissant à leurs femmes de l'ambre et du corail, dont elles étaient si charmées, qu'elles faisaient vendre leur bœufs pour en acheter, et chassaient du lit conjugal les maris trop pauvres pour leur procurer ce luxe.

Comme j'étais le seul qui consentît à s'aventurer parmi ces peuplades pour fournir à la toilette des femmes, toutes tenaient à profiter de l'occasion à tel prix que ce fût. Ma barque était toujours pleine d'acheteurs, et surtout de belles acheteuses, devant lesquelles j'étais obligé de prendre mes repas, au grand scandale des maris, qui ne mangent jamais devant leurs femmes, dont ils craignent, dit-on, le *mauvais œil*. Il m'était très-difficile d'être libre, et il me fallait faire ôter la planche qui servait de pont entre ma barque et le rivage pour être chez moi. Alors ma barque ressemblait au char d'Amphitrite, entourée qu'elle était de naïades plus ou moins colorées, plongées dans l'eau jusqu'à la ceinture et tendant leurs bras vers moi.

Ces agréables clients m'arrivaient de plusieurs lieues à la ronde, et je fus obligé d'installer deux commis, un à terre et l'autre à la proue, pour les servir. Quand je me trouvais trop importuné, et lorsque la patience m'échappait, je n'avais qu'à menacer de lever l'ancre. Aussitôt

Barque de M. Brun-Rollet, entourée par les femmes des Bakkara-Chamkah.

le calme revenait pour quelques instants et j'avais le plaisir d'entendre cent bouches, plus charmantes les unes que les autres, me supplier de rester.

Lorsque j'allais à terre, j'entendais bien quelques murmures, quelques menaces faites à mi-voix; j'observais bien quelques visages dont l'expression hostile n'était pas douteuse, mais je n'y faisais pas attention, ayant pour moi l'immense majorité des heureux, des riches, des amoureux, des nouveaux époux, des maris soumis, et des pauvres pour lesquels j'avais été généreux.

Un jour que je me promenais dans le camp des Arabes appelés *Chamkab* et *Ouled Hassan*, on me fit remarquer cinq ou six tentes renversées, dont les ameublements restaient exposés au soleil. C'étaient celles de pauvres maris qui m'en voulaient, et dont mon arrivée avait dérangé le ménage et même amené le divorce. Ces tentes étaient devenues inutiles, n'ayant plus d'amours à protéger. Il est superflu de dire que je les fis relever, et que j'y rappelai la paix et l'union à l'aide de quelques grains de corail.

Au bout de peu de temps, clientes et marchands étaient devenus si intimes, que la femme d'*un de mes amis* faillit mettre au monde, dans ma chambre, un petit Arabe. Heureusement, voyant cette femme indisposée, j'avais prié son mari de la ramener chez lui, où sa délivrance s'opéra une demi-heure après qu'elle m'eut quitté. Néanmoins, on donna au nouveau-né mon nom de baptême, afin de m'obliger plus tard à donner à *mon filleul* quelques pièces de toile chaque fois qu'il pourra venir me rappeler son titre.

Croyant pouvoir établir dans ces parages un

commerce de gomme d'autant plus avantageux que je n'avais à craindre ni concurrence, ni empêchement de la part du gouvernement, j'avais accepté les offres de service d'un chef de la tribu établi à Dafouri, à une journée du Nil, près des montagnes du Koren. Je lui con-confiai un de mes hommes avec une provision suffisante de corail, d'ambre et d'argent pour mes négociations, et je partis, comptant venir reprendre, trois mois plus tard, le chargement de gomme qui devait être prêt.

A mon retour, j'ai trouvé mes amis les Chamkab réfugiés près de la garnison postée à Chat, à l'ouest d'Eleis; c'est le dernier village du Kordofan. Ils avaient dû fuir devant les Bakkara-Selem, après avoir perdu quelques hommes. Les ennemis étaient maîtres de la rive gauche et avaient coupé toute communication avec le Dafouri, où mon domestique était retenu prisonnier.

Il y avait déjà plus d'un mois que j'attendais l'occasion de le délivrer, lorsqu'on vint m'apprendre que les Selem avaient poussé leurs brigandages jusqu'au village où le prisonnier se trouvait. Je dus le croire perdu pour moi à tout jamais.

Sur ces entrefaites, Mustapha-Pacha, ex-gouverneur du Kordofan, vint défendre ses frontières que les barbares menaçaient. Il avait avec lui une petite armée composée de quatre cents irréguliers à cheval, deux cents hommes d'infanterie régulière et un certain nombre d'auxiliaires auquel se joignirent les Chamkab mes amis. Je voulus aussi prendre part à la guerre et faire payer aux Selem le sang de mon domestique, que je croyais assassiné, et mon chargement de gomme évidemment perdu. Je partis donc avec un cheval et un bœuf, et me dirigeai vers le camp du pacha, situé à six heures de chemin de la rive. Je voulais lui proposer de me donner dix de ses soldats, avec lesquels je serais allé m'embosser sous le camp de nos ennemis. Là, tandis qu'il les attaquerait du côté du désert, je les aurais mitraillés avec mon petit canon et mes fusillades. A coup sûr, je leur eusse ainsi fait plus de mal que l'armée turque, et Mustapha-Pacha que j'ai vu plus tard au Caire, m'a assuré que non-seulement il aurait accepté ma proposition, mais qu'il avait été sur le point de prendre l'initiative.

Il me fallut renoncer à ce projet; j'appris à moitié du chemin environ, que le pacha avait levé son camp; je fus obligé de retourner sur mes pas pour mettre immédiatement à la voile, et malgré l'espoir que j'avais de me venger, malgré l'avidité de mes marins qui songeaient au butin, quelque ardeur et quelque diligence que nous eussions apportées à nos manœuvres, nous ne pûmes arriver, à cause des vents du sud, que le lendemain de la bataille.

Dès que nous fûmes en vue du camp que je comptais si bien bombarder, nous vîmes arriver cinq cavaliers arabes qui semblaient nous reconnaître. Lorsque nous nous approchâmes d'eux, ils nous insultèrent en se cachant derrière le tronc des arbres ; ils avaient, disaient-ils, défait les Turcs et tué Abou-Toka : c'était le surnom d'un guerrier chamkab que je connaissais ; je compris qu'ils ne disaient pas la vérité et que le pacha leur avait sans doute donné matière à bien des regrets. Ils m'engagèrent à descendre de cheval pour me faire voir les cadavres, mais ils prirent le chemin de leur camp dès que nous nous fûmes rapprochés d'eux.

Mes marins, épuisés de fatigue, me proposèrent d'embarquer trois veaux et un bœuf que nous voyions sur le rivage, et nous cinglâmes vers une île voisine, mes hommes, pour griller des beefsteaks; moi, pour songer à ce que je pouvais me permettre. Le Pacha étant reparti, après avoir châtié nos ennemis, n'avait plus besoin de moi, et comme je ne pouvais sans son assentiment prendre le rôle d'agresseur, je me contentai de me tenir sur la défensive. Je n'avais d'ailleurs, nullement la volonté de m'associer aux Chelouks, qui se tenaient à l'affût dans leurs iles comme des bêtes fauves.

Pendant que le repas se préparait, je vis, au milieu d'un nuage de poussière, une multitude de nos ennemis, hommes, femmes et enfants, les uns montés sur des bœufs, les autres sur des chevaux, une grande quantité à pied, et portant, sur leur tête, des ustensiles de ménage. Soit qu'ils aient eu à cœur d'abandonner le lieu de leurs désastres, soit qu'ils aient pris ma barque pour l'avant-garde d'une flottille ennemie, ils marchaient en désordre, comme des gens poussés par la peur, abandonnant dans leur camp des objets d'une absolue nécessité. Leur fuite, leur malheur, amortirent toute ma rancune; je ne songeai pas un instant à les poursuivre, et nous ne nous approchâmes du camp de ces nomades que quelques heures après leur départ précipité.

Nous vîmes alors passer deux formes humaines à travers les arbres; des marins sautèrent aussitôt de la barque pour les rejoindre. Ils revinrent, amenant avec eux une arabe et une négresse âgée, que les Turcs avaient faites prisonnières, et qu'apparemment ils n'avaient pas tenu à garder. Elles nous apprirent que leurs gens s'étaient battus la veille, depuis le lever du soleil jusqu'à midi ; tantôt fuyant devant la cavalerie turque, tantôt la faisant fuir à leur tour, jusque sur les baïonnettes des réguliers qui la soutenaient. Puis, les Selem avaient abandonné une partie de leur camp aux Égyptiens qui, après l'avoir pillé, étaient partis, emmenant avec eux huit à neuf mille bœufs, et une quarantaine de femmes, dont le gouverneur se réserva quelques-unes des plus jolies, qu'il ne libéra que huit à dix jours après, quand il fut rappelé au Caire.

Après ce récit, nous mîmes à l'ancre près du champ de bataille que nous devions visiter. Le lendemain, nous y trouvâmes huit morts, dont plusieurs furent reconnus pour des *chaquier* (troupes indigènes au service de l'Égypte). Il y avait aussi un grand nombre de fosses fraîchement creusées. Un beau cheval noir gisait près d'une toile ensanglantée, probablement celle qui couvrait son cavalier. Des chiens que l'odeur de la poudre et le bruit du combat avaient fait fuir, étaient revenus pendant la nuit et hurlaient au milieu de quelques haies closes, remplies de veaux et de moutons, dont mes marins embarquèrent une partie, pendant que je m'emparais de la bibliothèque d'un *faqui-fellata* qui venait d'être enseveli.

A ce moment, l'instinct du pillage s'empara tellement de mes hommes, qu'après avoir fait main-basse sur les pièces de toile et sur les ustensiles de ménage dont ils espéraient tirer quelque profit, ils s'éloignèrent, furetant et fouillant partout. Bientôt je me trouvai seul dans ma barque. J'eus beau crier, les supplier, me mettre en colère, rien ne les rendit à leur devoir. Il devenait évident pour moi, qui connaissais les mœurs des tribus, que les Selem n'étaient pas bien loin, et qu'ils devaient revenir, soit pour nous épier, soit pour reprendre les objets qu'ils avaient laissés. Mes gens dispersés, sans armes, chargés de butin, devaient évidemment devenir la proie de ceux qu'ils spoliaient, et je voyais déjà ma barque pillée à son tour, moi tombant sous les coups d'une foule animée par la vengeance et la rapine. Ces réflexions peu consolantes, mais non dénuées de fondement, me firent prendre un parti violent. Je m'armai d'un fusil et d'un bâton, et courant après mes gens, frappant celui-ci, menaçant celui-là, trouvant les uns et les autres en flagrant délit de pillage, je finis par les faire renoncer à leur plaisir et à les faire rentrer dans la barque pour garder notre bien.

Nous n'étions pas encore tous réunis à bord qu'il nous apparut deux groupes formés de quinze à vingt cavaliers selem, pendant qu'une troupe considérable de piétons armés de lances et de boucliers s'approchaient de nous, en se glissant d'un arbre à l'autre. Voyant que nous allions être attaqués, je fis mettre la barque à flot afin de rendre l'abordage plus difficile ; et je pointai ma batterie sur un taillis qui était en face et à vingt pas de nous, dans lequel les fantassins venaient de se grouper.

Je savais que si je tirais juste les deux premiers coups, le combat ne serait pas bien meurtrier, les insulaires craignant beaucoup les armes à feu, et fuyant toujours devant elles.

En conséquence, je défendis à mes marins de tirer sans mon ordre, et j'attendis, pour commander l'attaque, que la cavalerie fût à trente pas de la proue, et que l'infanterie fût prête à s'élancer à l'abordage. Je pris alors une carabine à deux coups, et après avoir fait les sommations voulues par la loi, je fis feu sur le cavalier qui paraissait commander le peloton le plus avancé. Il se coucha sur la selle et disparut avec les autres dans le bois. Les fantassins, avertis par une première décharge de mes hommes, s'enfuirent également en se courbant, les mains étendues au-dessus de leur tête, comme s'ils eussent craint que la forêt s'écroulât sur eux.

Je descendis alors pour examiner le terrain dont la conquête m'avait été si facile; mais, pendant cette investigation, mon raïs (capitaine)

et quatre marins, cachés dans un buisson, à un quart d'heure nord de ma barque, se trouvaient découverts et menacés par une quinzaine de cavaliers ennemis. Il me fallait donc remonter et virer de bord pour porter secours à mes retardataires pillards, qui auraient bien voulu alors avoir obéi à mes injonctions. Quelques coups de carabine, dont les balles sifflèrent aux oreilles de mes agresseurs, suffirent pour les faire s'éloigner dans les terres.

Après que les marins et le raïs furent rentrés dans ma barque, je retournai sur le champ de bataille. Une jument toute sellée et bridée se trouvait sur le bord du Nil ; je la fis embarquer, et comme les pertes de l'ennemi ne me paraissaient pas bien considérables, et que je ne tenais pas à les constater, je fis voile vers une île voisine, où nous fêtâmes notre facile victoire.

Le lendemain, après avoir donné une pièce de toile à mes deux prisonnières, je leur rendis la liberté, en les priant de faire mes excuses à leurs compatriotes sur le malentendu qui venait d'avoir lieu.

Quelques jours après, je revis mon domestique, que j'avais cru assassiné, et je reçus quelques charges de gomme. Au premier village des frontières, mes marins vendirent leur butin, et je fis débarquer ma jument, qui mourut six mois après, à mon habitation de Carthum, exprès sans doute pour ne pas donner tort au proverbe sur le bien mal acquis.

Ces peuplades Chelouk et Bakkara ont continué depuis lors à recueillir de la gomme, dont je leur avais fait connaître la valeur; le commerce de ce produit se trouve ainsi augmenté de près de deux mille quintaux. Les fils de Mohanmet El-Édjasi, dont il est parlé plus haut, ont surtout profité des relations que j'avais établies en vue de ce commerce.

La Mokada ou gué d'Abou-Zeid, sous le 12e degré 40' de latitude nord, a reçu son nom de ce fameux chevalier arabe dont les aventures fabuleuses ont alimenté les récits d'un ménestrel de l'Edjas. Je me borne à dire que cet Abou-Zeid a passé ce gué il y a cinq cents ou six cents ans, avec douze de ses compagnons, dont deux moururent à Kordofan, de la piqûre de serpents ; qu'il a traversé le Darfour et le grand désert, redressant sur son passage torts et travers, et qu'il est arrivé à Tunis avec les cinq compagnons qui lui étaient restés, pour en chasser un despote dont chacun avait à se plaindre.

Tout près de ce gué, se trouve l'île d'Argel.

où se tiennent les préposés que Sa Majesté Chelouk y envoie pour recevoir le tiers du produit de la pêche et des rapines de ses sujets. Les Chelouk font leur principale occupation de la chasse à l'hippopotame, dont ils mangent la chair et dont ils coupent la peau en lanières larges de deux doigts, pour les vendre aux fabricants de courbaches, à Eleis. Cette chasse est difficile et présente des dangers sérieux.

Voici quelles sont les péripéties de ce drame sauvage :

L'hippopotame, ou cheval de rivière, est, comme chacun sait, un animal amphibie de fort grande dimension, puisqu'il a, en général, plus de six pieds de hauteur, et environ seize pieds de longueur. Sa gueule a deux pieds et plus d'ouverture, et elle est armée de dents énormes, surtout les deux canines qui sont très-longues, très-fortes et d'une substance si dure et si blanche, qu'on ne peut lui en comparer aucune autre. Ce sont ces qualités de blancheur et de dureté qui leur valent la préférence des dentistes européens pour la fabrication des dents artificielles; les défenses de l'éléphant sont moins transparentes, et sont parsemées de stries qui font aisément distinguer les fausses dents des naturelles.

La chasse à l'hippopotame a presque toujours lieu dans l'eau, où cet animal séjourne pendant la majeure partie de son existence. Il est naturellement doux et n'attaque point le premier; mais lorsqu'il se voit en face d'un ennemi, et surtout s'il est blessé, il devient furieux.

Les nègres l'attaquent au moyen de harpons, car nulle autre arme ne pourrait entamer sa peau si dure, épaisse d'un pouce sur le dos et les cuisses. Lorsque le harpon a touché l'animal, celui-ci, s'il est profondément atteint, se débat vigoureusement, renverse souvent les barques de ses ennemis et leur cause de grandes pertes; s'il n'est que légèrement blessé, il fuit, mais le sang qu'il perd indique sa marche au fond de l'eau. On le suit, et chaque fois qu'il reparaît à fleur d'eau on le frappe de nouveau. Il arrive souvent que cette poursuite dure quatre ou cinq jours.

La chasse à l'hippopotame demande un grand concours d'hommes et de barques, car il faut lutter de force, d'adresse et de ruse pour la mener à bonne fin. L'hippopotame ne mange que de l'herbe qu'il vient paître sur terre pendant la nuit; il retourne dans l'eau aussitôt que le jour est venu, et, comme je le disais plus haut, il séjourne et marche au fond des rivières.

Il peut aussi habiter la mer, et on en a trouvé quelquefois à deux lieues des côtes, mais c'est une exception.

Entre les monts Emahia et Tefafan, sous le 11e degré 30 de latitude, on rencontre presque toujours des flottilles de 30, 40 ou 50 pirogues descendant remplies de nègres, ou montant chargées de vaches et de moutons volés aux Arabes Abou-Rof et aux Bakkara. Sous cette latitude, les rives n'étant plus masquées par les gigantesques mimosas qui bordent le fleuve plus haut, laissent à découvert des steppes arides où l'on aperçoit quelquefois la fumée lointaine d'un camp arabe, et où l'on voit paître des troupes plus ou moins nombreuses d'éléphants; aussi est-ce là que la chasse de ces quadrupèdes devient fréquente; quelques détails sur la manière dont s'opère la capture de ces animaux ne sembleront peut-être pas déplacés ici.

L'ivoire est d'un usage tellement répandu en Europe, qu'il est presque superflu d'indiquer son utilité dans les arts ou dans les mille fantaisies qu'inventent la mode ou le caprice. Sa dureté, qui n'exclut pas une grande facilité d'emploi, le rend propre à mille ouvrages de différentes natures, et partout il est apprécié, car son prix est abordable pour toutes les fortunes. Aujourd'hui que le commerce de cette substance est très-répandu, on oublie les difficultés de la chasse aux éléphants, les victimes de cette chasse, la perte de temps et les dépenses d'argent qu'elle occasionne.

Tout le monde connait l'éléphant, et je ne pourrais en donner une description sans craindre d'être taxé de minutie; mais si chacun connait la forme de ce colossal quadrupède, ses mœurs sont en général assez peu connues. Beaucoup de personnes le croient méchant, difficile à apprivoiser, et c'est là une erreur qu'on ne saurait trop combattre. Il est au contraire extrêmement facile d'élever, de *civiliser* un éléphant. Disons d'abord comment on s'y prend dans l'Inde, dans l'Afrique orientale et occidentale, pour arriver à prendre les éléphants, soit qu'on veuille les conserver vivants, soit qu'on les tue pour posséder leurs défenses.

Pendant le dernier siècle, les chasseurs d'éléphants ayant remarqué que ces animaux marchent toujours par petites troupes séparées, mais assez peu éloignées les unes des autres, afin sans doute de se porter secours au besoin, les chasseurs, dis-je, au nombre de quatre ou cinq cents hommes, entouraient les troupes d'éléphants en se rapprochant d'elles de plus en plus, et à l'aide de feux d'artifice, de cris, de roulements de tambours, ils forçaient les animaux effrayés à entrer dans une enceinte préparée à cet effet, et où les éléphants se trouvaient prisonniers.

D'autres chasseurs, ne pouvant réunir un assez grand nombre d'auxiliaires pour former une troupe puissante, se réunissaient en escouades de dix, douze ou vingt hommes, et défiaient à la course les plus petites troupes d'éléphants; ils les atteignaient presque toujours, les poursuivaient et les arrêtaient avec des cordes à nœuds coulants qu'ils leur lançaient dans les jambes. Une fois arrêté, l'éléphant sauvage était attaché entre deux éléphants privés, qui modéraient sa fureur et se chargeaient au besoin de corriger sa mutinerie en le frappant avec leur trompe.

Un autre moyen de surprendre l'éléphant était aussi de conduire des femelles apprivoisées dans les bois, à l'époque où l'on suppose que le mâle désire s'approcher d'elles. On oblige les femelles à pousser des cris, auxquels le mâle répond d'abord ; puis il cherche à rejoindre celles qui ont poussé ces cris, et c'est alors que les conducteurs dirigent les femelles dans une enceinte garnie de pieux très-forts entrelacés de branchages, formant ainsi une solide palissade. Les éléphants entrent dans cette palissade en poursuivant les femelles, et lorsqu'ils sont entrés dans cette espèce de prison, on s'empresse d'en fermer l'entrée.

Aujourd'hui ces moyens sont peu employés ; ils exigent, comme on le voit, un concours d'hommes et de travaux peu en rapport avec la pauvreté ou la paresse des tribus qui chassent aux éléphants.

Les nègres ont inventé une chasse fort simple et peu dispendieuse, dont eux seuls pouvaient avoir l'idée ; car ces peuples, dépourvus d'armes solides et n'ayant pour lutter avec les éléphants que des lances ou des flèches presque incapables de blesser de tels animaux, durent employer la ruse pour arriver à leurs fins.

A cet effet, ils creusent de grandes fosses très-profondes qu'ils recouvrent de branches d'arbres peu fortes, de terre, de gazon, de manière à déguiser complétement l'ouverture faite au terrain. Ils ont soin de creuser ces fosses au bord des étangs, des lacs, des rivières où ils ont remarqué que les éléphants viennent boire. Ces animaux, en s'avançant pour satisfaire leur soif, marchent sur les branches qui recouvrent les fosses, tombent dans ces trous d'où ils ne peuvent sortir, et se trouvent à la merci de leurs ennemis.

L'éléphant est facilement dompté, s'attache bientôt à son maître et est susceptible d'une sorte d'éducation. Beaucoup de mes contemporains peuvent se rappeler d'avoir vu, en 1831 ou 1832, au théâtre de l'Odéon, à Paris, un éléphant apprivoisé qui faisait mille gentillesses, au grand étonnement du public.

Le *Daily-News* du 9 mai dernier rapporte un exemple très-remarquable de la docilité de cet animal :

A peu de distance de New-York se trouve la ferme de P.-F. Barnum. Dans un vaste champ qui en dépend et que l'on aperçoit très-bien étant sur le chemin de fer, est un bel éléphant qui travaille au labour. Il est attelé à une énorme charrue et il fait à lui tout seul l'ouvrage de six chevaux. Cet animal est aussi doux que laborieux. Il est monté par son cornac qui le conduit, et la charrue est dirigée par un homme de couleur. On a aussi construit pour lui de grosses charrettes qu'il traine pesamment chargées. Enfin l'on utilise de mille manières sa force et sa docilité. Seulement, on ne parle pas de l'appétit ni de la consommation de ce bon et gros travailleur.

La manière fort simple que les nègres emploient pour avoir des éléphants est aujourd'hui presque la seule usitée. Il n'y a guère que les princes, les riches amateurs qui emploient la chasse aux armes avec un grand nombre d'hommes, suivant leurs facultés et les usages de leur pays.

Il arrive quelquefois que pour boire de l'eau plus potable, les éléphants entrent et s'enfoncent dans la vase d'où ils ne peuvent plus sortir; il est alors facile aux naturels de s'emparer d'eux ou de les tuer avec leur lance (1).

J'ai vu les Eliens employer pour faire enfoncer les éléphants dans la vase, un moyen étrange quoique simple et basé sur une observation attentive du caractère de ces animaux.

Quand les éléphants viennent boire et que leur crainte des piéges les fait hésiter à entrer dans l'eau, les Eliens entourent ces quadrupèdes, chaque homme tenant dans ses mains une poule qu'il fait crier en la secouant. L'élé-

(1) Les chasseurs d'éléphants ont contre lui l'avantage de pouvoir tourner rapidement autour de son corps pour éviter ses blessures; l'éléphant, à cause de sa grosseur et du peu de longueur de son cou, ne peut se retourner vivement, et en l'attaquant par derrière ou de côté on a de grandes chances de réussite.

phant a horreur des cris, des bruits stridents ou aigus, et en entendant crier les poules, l'instinct du danger disparaît pour lui, il se précipite au milieu de l'eau, où bientôt il est arrêté et vaincu.

L'espèce de l'éléphant doit être fort nombreuse, car la femelle porte deux ans et ne produit jamais qu'un seul petit. En outre, il est certain que ces animaux ne s'accouplent jamais en esclavage; il est donc au moins singulier qu'on trouve de nombreuses troupes d'éléphants dans tous les pays méridionaux de l'Afrique et de l'Asie, à Ceylan, au Mogol, au Bengale, et dans toutes les autres parties de l'Inde. Ils sont pourtant plus nombreux en Afrique, où ils vivent en liberté et où ils reproduisent selon les lois de la nature; tandis que dans les autres pays ils sont esclaves, et conséquemment dans l'impossibilité de multiplier.

Les naturalistes ne sont pas d'accord sur la durée de la vie des éléphants; Buffon paraît être près de la vérité en assignant deux cents ans comme terme moyen de leur existence. Les éléphants qui arrivent à la vieillesse sont obligés de supporter le poids de leurs défenses, qui avec l'âge devient énorme; aussi n'est-il pas rare de les leur voir appuyer sur des branches d'arbres, et on a même vu ceux qui étaient renfermés dans des loges percer des trous dans la muraille pour y passer leurs défenses et se soulager ainsi de leur pesanteur.

Avant que les Européens n'eussent appris aux Africains que les dents d'éléphant avaient de la valeur pour eux, ils n'en faisaient aucun cas. Ils se servaient de celles des éléphants morts, en guise de pieux; ils les enfonçaient en terre et attachaient à la partie non enterrée les cordes et les courroies qui retenaient leurs bœufs au pâturage.

Pourtant il était d'usage, entre les princes Indiens, de s'envoyer en présent des dents ou des défenses d'éléphants. Ces présents, qui n'avaient autrefois qu'une valeur de convention, et sans doute toute morale, ont acquis aujourd'hui un prix réel, et j'ai reçu quelquefois des mains de rois sauvages, des défenses d'éléphant en cadeau, dans des circonstances qui indiquaient que ces personnages connaissaient l'importance que j'attachais à cette matière.

A Tefafan, le Nil reçoit le Piper, rivière venant des montagnes sud-ouest de Fazolg. Entre cette rivière et le Sanbat sont les pâturages que la tribu des Denka dispute pendant l'été aux

Arabes d'Abou-Rof. Les vaincus perdent toujours, dans ces querelles, une partie de leurs bestiaux, et souvent même les gardiens des troupeaux sont tués par les nègres, aussi bien que les musulmans qui viennent vendre dans le Sennar.

Il y a quatre ans, les sauvages ont prouvé qu'il était difficile de les vaincre autrement que par surprise, car le gouverneur général du Soudan, Caled-Pacha, étant venu les attaquer avec une armée de plus de six mille hommes, ils firent une si vaillante défense que le gouverneur fut obligé de s'en retourner sans aucun avantage ; le gouvernement en fut pour les frais de la guerre ; les Abou-Rof perdirent les deux cents onces d'or qu'ils avaient données pour décider le pacha à combattre, et les Denka restèrent paisibles possesseurs du butin qu'ils avaient volé. Depuis deux ans ils ont détruit plusieurs villages, au-dessus du Sennar, où ils viennent quelquefois pendant les pluies ; le gouvernement est obligé d'envoyer des troupes de renfort pour protéger le pays contre leurs invasions.

Les Denka se distinguent facilement des autres races nègres ; ils ont le front saillant, le crâne aplati vers les tempes, les membres grêles et longs. Ils vivent sans aucune espèce de souci, ne sortant de leur apathique paresse que pour danser et festoyer. Ils sont sobres et pauvres, et pourvu qu'ils aient du lait, de la mérisse (bière) et des femmes, leur ambition est satisfaite. Cette vie efféminée les rend peu propres aux fatigues ; aussi le gouvernement a-t-il défendu de les accepter pour soldats. D'ailleurs, ils sont atteints de nostalgie aussitôt qu'ils quittent leur pays; ils appartiennent à cette grande tribu échelonnée par familles parlant toutes la même langue, sur le Misslad et l'affluent du sud. Ils ont été chassés autrefois de la rive occidentale, dont ils étaient les maîtres, par les Chelouk venus des rives supérieures du Saubat, vers le 5e degré de latitude nord, où se trouve encore la souche de la tribu.

Les villages des Chelouk contrastent sur la rive gauche avec les misérables huttes des Denka. Situés à l'est du Nil, ces villages sont étagés en vue les uns des autres avec symétrie jusque près du lac Nau. On évalue leur population à plus de deux cent mille âmes.

La capitale de ce petit royaume est Denab, sous le 10e degré 50' latitude nord. Le quartier royal est construit en forme de labyrinthe ; une double rangée de beaux tamariniers semble protéger, du côté du nord, la mystérieuse habitation du roi, qui ne passe jamais deux nuits de suite dans le même appartement.

A une lieue ouest de cette ville est un village peuplé d'Arabes que les vexations du gouvernement égyptien ont contraint d'émigrer. Les maisons en sont construites en paille et en terre; elles ont la forme d'un entonnoir posé sur un appui de joncs. La plupart ont une cour entourée d'une palissade de joncs.

Le gouvernement Chelouk est héréditaire, autocratique ; mais il arrive souvent que les héritiers, pressés de jouir d'un titre trop longtemps attendu, l'acquièrent par la violence et le meurtre, ce qui leur est d'autant plus facile qu'ils ont un apanage de villages nombreux où ils peuvent recruter des partisans. Cependant le roi actuel est très-âgé, bien qu'on ait tenté par deux fois de l'assassiner.

Le roi Chelouk représente à lui seul justice et magistrats ; il punit par des amendes les vols commis dans l'intérieur de son royaume, et prend une part des produits de ceux que ses sujets commettent hors de ses frontières.

Les marchands qui viennent de Koroum et de Takali, pour vendre différents objets ou acheter de l'ivoire, sont obligés de s'arrêter à quelque distance du pays et d'envoyer à Sa Majesté un messager avec des présents, afin d'obtenir la permission d'entrer. Quand leur demande est accordée, le roi leur adresse un sauf-conduit qui les fait respecter jusqu'à Denab, où il les loge et les nourrit. Le lendemain de leur arrivée, il fait étaler les marchandises dont il prend ce qui lui convient, et qu'il paye selon l'estimation qu'en font les gens de sa cour. La perte ou le bénéfice des marchands est donc tout à fait dans la dépendance des caprices du roi, ou de la disposition hostile ou bienveillante de ses courtisans.

Chaque village est soumis à un tribut annuel d'un certain nombre de vaches proportionné à la richesse des habitants. Les parents ou les envoyés du roi sont défrayés dans le pays où ils passent.

Un neveu de roi, appelé Louah, convaincu d'avoir vendu aux Bakkara des enfants pris dans les villages qu'il gouvernait, fut, il y a dix ans, décapité et son corps jeté dans le Nil.

Le roi s'est réservé le monopole de la vente des dents d'éléphants, dont il fait commerce avec les djelabs de Takali et de Koroum. Il en fait fabriquer, pour son usage, des bracelets, qu'il donne en présent aux femmes et aux guerriers qu'il veut honorer.

Un Chelouk qui possède vingt vaches est déjà un homme aisé, puisqu'il a assez de lait pour nourrir sa famille. C'est, en effet, chez ces peuples logiques, une condition première d'établissement.

Il est bien naturel que les parents, qui donnent leur fille en mariage, sachent si le mari aura de quoi la nourrir; mais il résulte de ce principe que les Chelouk sont polygames; ils peuvent prendre autant de femmes qu'ils en peuvent nourrir. Chacune d'elles coûte au mari de dix à cinquante vaches, selon le rang ou la beauté de la fiancée; mais la moitié de cette dot est seule acquise à l'épouse; le reste est partagé entre ses plus proches parents.

La femme qui a donné un enfant à son mari, perd le titre de favorite et sort même du lit nuptial, si le mari est assez riche pour avoir une autre épouse. Les adultères prises en flagrant délit sont noyées, si elles n'achètent leur grâce de l'offensé.

Les femmes ont soin du ménage, et confectionnent à leur loisir des vases d'une forme élégante, avec de la terre glaise et de la fiente de vache séchée au soleil. Elles n'ont aucun vêtement jusqu'à l'époque de leur mariage; alors seulement elles couvrent d'un morceau de toile, ou de peau de mouton, le milieu de leur corps.

Les Chelouk cultivent en outre le dourah (maïs blanc), le sésame et les haricots, et récoltent du riz sauvage sur les bords du fleuve. Ils gardent et mènent paître leurs bestiaux et font, avec leurs voisins, un continuel échange d'esclaves, de bœufs et de dents d'éléphants, qu'ils dérobent aux regards du fisc et qu'ils cèdent pour des conteries, des clochettes et des toiles dont ils commencent à apprécier l'usage. Un bœuf coûte vingt à vingt-cinq œufs de pigeons, soit bereds, ou une clochette.

Leurs contrats, leurs promesses ne sont valables et obligatoires que pendant la lune ou le mois dans lequel ils ont été faits ; la prescription arrive avec le nouveau croissant.

Ils dansent en se balançant sur leurs jambes, en cherchant à représenter l'attitude et les mouvements d'un guerrier en présence d'un ennemi qu'il attaque et dont il évite les coups. Ils frappent leurs pieds contre terre pour faire résonner des fruits de doum attachés à leurs jambes en guise de grelots, ces fruits ayant été creusés et remplis de graines ou de petites pierres.

Les Chelouk sont, en général, faux et voleurs; ils détroussent les voyageurs, mais ne les assassinent que lorsque ceux-ci se défendent. Quand il se commet un meurtre dans la tribu, le meurtrier est à la merci des parents de la victime, qui peuvent le dépouiller ou le tuer, selon leur bon plaisir.

Contrairement aux Denka, ils ne croient pas à une autre vie; mais ils reconnaissent un esprit invisible, créateur universel de toutes choses, qui daigne quelquefois visiter, sous la forme d'un lézard ou d'un oiseau, le lieu sacré ou *niécama*. Ce lieu vénéré est ordinairement un grand arbre ou un bois qui sert d'asile au jongleur que le peuple va consulter sur ses affaires, ses maladies ou ses entreprises guerrières. Chaque visite ou consultation doit être accompagnée d'un présent plus ou moins considérable, qui forme le revenu du jongleur.

A quelque distance du village Ouaou, on trouve un bois sacré où sont construites quelques maisons fréquentées par des esprits, accessibles seulement à une vieille pythonisse renommée par ses oracles. Les Chelouk vont la consulter en tremblant; mais j'ai cru observer qu'ils agissent avec elle et avec les autres jongleurs comme les Européens avec leurs médecins. Confiants et crédules au moment du danger, railleurs et sceptiques dès que le calme est revenu.

« *Passato il pericolo, gabbato il santo.* »

Dans les endroits où nous nous étions arrêtés pour renouveler nos provisions de viande, nous avions été assez bien reçus dans quelques villages; dans d'autres, on nous surveillait avec une attention très-peu bienveillante. Le pays avait été mis en émoi cette année (1844) par plusieurs complots et expéditions, à la suite desquels il y avait eu des morts et des blessés.

Nous étions en route lors de la première de ces révoltes, et lorsque nous jetions l'ancre pendant la nuit, en face de quelques villages, nous entendions battre le *noukara* ou tambour d'alarme; à cet appel, les habitants accouraient de tous côtés avec leurs armes en brandissant des bûches enflammées dont ils formaient de grands feux; ils dansaient et chantaient des airs guerriers autour des foyers; on les eût pris pour des démons à les voir ainsi à travers les flammes et la fumée.

S'il est difficile d'établir des relations amicales avec les peuples qui confinent le gouvernement égyptien, on ne doit pas seulement en accuser leurs instincts de rapine et de duplicité, mais le gouvernement égyptien lui-même, qui ne s'est pas montré vis-à-vis d'eux ce qu'il aurait dû être.

Carthum était déjà autrefois une ville assez considérable; les Chelouk y entrèrent de nuit, il y a environ quatre-vingt-trois ans, massacrèrent ses habitants et la réduisirent à néant. Lorsque les Turcs y vinrent, il y a trente-quatre ans, pour lui rendre le rang que devait lui valoir sa situation, ils n'y trouvèrent que trois huttes et un grand cimetière. Sous une administration plus intelligente, cette ville serait déjà devenue l'héritière de Méroë. Aujourd'hui pourtant, elle possède une population que je crois pouvoir évaluer à quarante ou cinquante mille âmes.

Il y aurait des améliorations gouvernementales importantes à créer au sein même des tribus. Ainsi, le royaume des Chelouk est borné au sud-est par le Saubat ou Selih; au sud-ouest par le Misslad, et au sud par le vrai Nil. Telles devraient être les frontières du gouvernement du Sennar. Un bataillon d'infanterie, quatre cents cavaliers irréguliers, campés près de l'embouchure du Saubat, et dix bateaux canonniers suffiraient pour assurer la soumission des Denka, des Abou-Rof, et des Nouer sur la rive droite, et celle des Chelouk, des Giugnès et des Bakkara sur la rive gauche.

Comme il est important de ne point faire connaître dans ce pays la valeur de l'or et de l'argent, on payerait les soldats avec des verroteries qu'on leur donnerait à 500 pour 0/0 au-dessus du prix d'achat. Ainsi un soldat qui coûte par mois cent piastres d'entretien, n'en coûterait aux rives du Saubat que vingt, et ce serait pour lui la valeur de deux cents.

Les contributions seraient payées en bestiaux, fer, ivoire et poudre d'or, qu'on retirerait des montagnes de Tyra-Menda, de Cheboun et des monts aurifères situés à l'ouest de Fazolg. A l'aide des bateaux à vapeur, cette province ne serait plus qu'à trois ou quatre jours de Carthum, et à huit ou dix par les bateaux à voiles. C'est moins de temps qu'il n'en faut pour se rendre à Lobeid, capitale du Kordofan, province la plus rapprochée du centre.

Sur les rives élevées et désertes du Saubat pourrait s'élever une ville, ou plutôt un Éden, environné de vignes et de jardins d'une luxuriante végétation. On y trouverait bientôt tous les fruits, toutes les cultures de l'Inde et de l'Égypte. Le marin raccommoderait ses voiles à l'ombre des tamariniers qui ombragent un port où serait amarré son bateau. Là le féroce Gallah et le sauvage de l'Équateur viendraient s'humaniser et se rendre nos tributaires. En développant leur intelligence, ils apprendraient à connaître des jouissances dont ils ignorent même le nom. Des chasseurs hardis, armés de carabines à balle conique, pourraient entreprendre des chasses lucratives et attrayantes contre les nombreuses troupes d'éléphants qui paissent sur le bord du fleuve. Le commerce égyptien gagnerait, à la réalisation de ce tableau, des milliers de quintaux de gomme dont les naturels ne connaissent pas la valeur.

Des flottilles, tirant quatre pieds d'eau, pourraient remonter le Saubat pendant les vents du nord, et faire sur ces rives un riche commerce d'ivoire et même de poudre d'or, que les Gallah et les nègres des montagnes aurifères viendraient échanger contre des verroteries. Chez la plupart des tribus du Saubat, comme chez les nègres du fleuve Blanc, l'or n'est pas plus estimé que le cuivre et le laiton dont ils font des bracelets. Nos couteries, au contraire, sont devenues pour eux une monnaie nécessaire avec laquelle ils s'achètent des vaches, se marient, parent leurs femmes et payent la servitude de celui qui a besoin. Avec quelle joie ces peuples ne verraient-ils pas arriver les barques qui leur apporteraient une richesse qu'ils sont allés jusqu'à présent chercher si loin et si chèrement!

En quinze jours nos flottilles arriveraient chez les Lutuké, vers le 4e degré de latitude nord, à cinq ou six jours des sources du Saubat. Les peuples de la zone intermédiaire, situés à l'est du Niger, entre le 18e et le 10e degré de latitude nord, tels que les Ouadey, les Bournouans, les Bagharmi, abandonneraient le Sahara en apprenant que l'Egypte est à deux mois, par eau, de leurs frontières, et qu'elle ouvre à leurs richesses une voie facile et peu coûteuse. Je ne parle pas du Darfour, qui est à huit jours de Dongolah, par la route où sont encore les ruines d'un camp établi pour protéger les caravanes. Cette route fut interdite sous peine de mort par Teirab, l'aïeul ou le bisaïeul du roi actuel, qui, ayant appris que des Français avaient passé la première cataracte du Nil, craignant une invasion dans son royaume, fit cette défense qui fut renouvelée lors de l'invasion des mamelouks à Dongolah.

Les principales tribus avec lesquelles on pourrait opérer des échanges sont les Denka-Attaindj et les Denka-Amyn, vers l'angle que fait le Sanbat pour se joindre au fleuve, et les Niaguès entre le 7e et le 8e degré de latitude nord ; cette tribu est importante à connaître, parce qu'elle est depuis longtemps le centre d'un commerce de verroteries provenant de Cadjam, en Abyssinie, et de Fadassi, le dernier marché au sud de Fazolg, que les marchands du Sennar puissent approvisionner.

Ces verroteries ne peuvent être importées dans ces marchés qu'avec de la poudre d'or, à travers beaucoup de dangers et après de nombreuses fatigues, car Fadassi est entouré d'un réseau de peuples nègres qui semblent en faire le blocus. Les plus à craindre du côté du sud sont les Amam. Plus loin se trouve une tribu de cultivateurs à peau rouge dont les mœurs paisibles et l'état de civilisation contrastent avec la sauvagerie de leurs voisins. Ces naturels, appelés Filâwi, labourent la terre avec des charrues et cultivent même le blé. Les musulmans de Fadassi les regardent comme des coreligionnaires, mais c'est une colonie de juifs, émigrés peut-être pendant les premiers désastres du peuple de Dieu.

Les femmes de cette tribu sont d'une fidélité exemplaire. Celle qui donnerait lieu à un simple soupçon serait bannie de la société de ses semblables. Prise en flagrant délit, elle serait lapidée.

Ces femmes donnent à leurs maris une preuve de dévouement et d'abnégation qu'on ne trouve, je crois, dans aucun pays. Quand elles arrivent à cet âge, trop précoce en Afrique, où le temps a fait à leur beauté ces irréparables outrages si fatals à l'amour conjugal, elles choisissent parmi leurs plus pauvres parentes une jeune fille qu'elles initient aux soins du ménage et qu'elles habituent à l'obéissance. Dès qu'elles trouvent leur élève suffisamment instruite, elles la présentent à leur mari et lui abandonnent tous leurs droits, ne demandant plus pour elles-mêmes que des égards et du respect.

Avant nos expéditions, les Kyk et les Héliab se rendaient parfois chez les Niaguès, par bandes nombreuses, poussant devant eux les bestiaux dont ils voulaient faire l'échange.

S'ils échappaient aux Nouer, qui souvent les détroussaient, et s'ils avaient le bonheur de revenir chez eux avec les verroteries qu'ils étaient allés chercher au milieu de tant de dangers, leur retour était une fête. Tous les habitants de leur village allaient au-devant d'eux en chantant et battant du tambour. Les colliers qu'ils rapportaient devenaient l'objet de la curiosité et de l'envie; celui qui, dans une rencontre, s'était le mieux battu et passait pour avoir sauvé la caravane, avait alors le droit de choisir parmi les filles du pays, et il donnait un collier à celle qu'il préférait pour compagne.

Voici la traduction de deux chansons que les femmes chantaient à cette occasion :

« Je l'ai pleuré longtemps, mes fils se sont lamentés;
« Mais je disais, mon mari est guerrier !
« Il reviendra avec le collier qu'il m'a promis.
« Maintenant qu'il est de retour, je l'aimerai davantage. »

Les filles répétaient à leur tour :

« O toi qui as sauvé la caravane,
« Choisis entre nous.
« Heureuse celle qui recevra le collier ;
« Elle t'aimera beaucoup. »

J'ai vu chez eux plusieurs échantillons de ces colliers dont quelques-uns venaient de l'Abyssinie. Don Angelo, missionnaire catholique autrichien, dont j'aurai souvent occasion de parler, a rencontré chez les Berry un chef Gallah portant un collier d'ambre pour lequel il avait donné deux poignées de poudre d'or. Ce sauvage avait fait un voyage de quinze jours pour se procurer, à Fadassi, cet ornement, dont l'empereur d'Abyssinie seul, disait-il, possédait le pareil.

Au sud des Niaguès, on trouve les restes ou plutôt la souche de ces Chelouk, que les Gallah ont forcé d'émigrer, il y a quelques siècles, vers les rives du fleuve Blanc, où ils se sont établis. Il paraîtrait pourtant que cette tribu n'a jamais pu réparer ses pertes, car elle est restée presque confondue avec les Berry et les autres peuplades voisines.

Vers le 4e degré de latitude nord se trouvent les Berry et les Lutuké. On pourrait peut-être de chez ceux-ci faire rayonner un grand commerce d'échange avec les Gallah au nord, les Adeh au sud-est et les nègres de l'Équateur au sud.

La ville capitale des Lutuké est Loupeyt, à cinq ou six journées des hautes montagnes d'Himadou, au milieu desquelles le Saubat prend sa source, ainsi que le Kalya, autre affluent qui se joint à lui près des Niaguès. Elles font partie de cette longue chaîne de montagnes située entre le 5e et le 6e degré de latitude nord qui sépare de l'est à l'ouest les Gallah et les Adeh des peuples nègres du sud.

Avant de mêler leurs eaux, le Sehal ou Saubat et le Kalya coulent d'abord à une grande distance l'un de l'autre, du nord-est au sud-ouest. En sortant des villages Lutuké, ils se dirigent directement au nord, à trois jours de la rive orientale du Nil. Ils baignent le pied des montagnes peu élevées sur lesquelles les Berry ont étagé leurs villages. Cette tribu se trouve ainsi renfermée dans une île bornée à l'ouest par le Saubat, et à l'est par le Kalya.

Don Angelo a traversé le premier, au mois d'avril, cette rivière qui a quinze mètres environ de largeur et un mètre cinquante centimètres de profondeur. Les bords étaient alors couverts de joncs et de plantes marécageuses à travers lesquelles il a fallu se frayer un passage.

Les Berry sont les nègres les plus intelligents que nous ayons connus; ils sont en outre voyageurs hardis et infatigables. Leurs marchands allaient autrefois chez les Niaguès acheter des verroteries provenant de Fadassi. J'ai acheté chez eux quelques galettes d'un tabac très-estimé, qu'ils vont chercher aux montagnes d'Himadou. Ils s'avancent jusque chez les Chioccos, au sud, et même chez les Kuenda, sous l'équateur, où ils rencontrent des marchands étrangers à peau rouge ou blanche, aux cheveux et à la barbe longs et lissés, qui y viennent (probablement du Zenguebar) acheter de l'ivoire, avec des verroteries et des bracelets de laiton ou de cuivre.

Deux Berry, que nous avions envoyés avec des présents au roi des Kuendas, chez lequel don Angelo se proposait de se rendre, sont revenus trois jours avant mon départ de Mardjou, avec plusieurs des leurs et un cadeau de sept dents d'éléphants. Ils nous ont assuré que le roi nous attendait avec impatience, et que nous trouverions chez lui l'accueil le plus bienveillant et la meilleure volonté pour tous les services qu'il pourrait nous rendre. Sa Majesté nous priait de lui apporter un habillement (une chemise et un fez) et quelques chapelets de mandjour (lapis lazzuli).

Voici l'itinéraire suivi par nos deux ambassadeurs Berry :

	Journées de marche.	Direction.
Des bords du Saubat à Kaschary, dont le roi s'appelle Sarouch.	1	Sud.
De Cacciari à Obô.	1	*Id.*
A reporter......	2 journées.	

	Journées de marche.	Direction.
Report	2	
D'Obô à Schokko, capitale de la tribu de ce nom.	3	*Sud.*
Pendant ces trois jours, ils ont traversé plusieurs petits villages. La tribu Ghiacco est à trois jours de la rive orientale du Nil.		
De Schokko à Louban-Hô.	1	Id.
De Louban-Hô à Fadjouleh, autre tribu féroce, vivant de fruits sauvages, de chasses et de brigandages.	1	Sud-est.
De Fadgioulah à Atiak.	1	Id.
De Atiak à Lokka, sur le bord du Nil, chez les Bido.	1	Id.
De cette ville, ils se sont embarqués dans un canot fait d'un tronc d'arbre et sont arrivés en un jour à Robenga, chez Thirobombi, roi des Kuenda.	1	Sud.
Total des journées de marche des bords du Saubat à Robenga, capitale des Kuenda.	10 journées.	

C'est environ cent lieues qu'ont faites les nègres Berry, et c'est le moins qu'ils fassent en dix jours. Ils doivent cette agilité de leurs jambes à la nécessité de s'en servir dès leur bas âge, faute d'autre véhicule. Ils font volontiers dix à douze lieues pour aller prendre une poignée de verroterie, ou manger un morceau de bœuf tué dans une fête.

Don Angelo est allé de Bellénia au Saubat, chez les Berry, en deux jours et demi (direction E. S.-E.). Il a trouvé chez eux une propreté, une aisance, une hospitalité qu'il serait difficile de rencontrer ailleurs.

Macherbon, un de leurs deux rois, lui a fait l'accueil le plus amical; il est venu à sa rencontre avec une foule de sujets jusque sur les bords du Schol. Ce prince s'est montré en cette occasion aussi adroit que poli. Après les compliments et les souhaits de la bienvenue, il a prié don Angelo d'accepter deux bœufs assez éloignés qu'il lui désignait, lui témoignant en même temps le désir de les voir tuer avec son *tonnerre;* c'est le nom qu'il donne à nos fusils. Comprenant que son hôte était bien aise de s'assurer si nos armes à feu étaient aussi terribles qu'on le disait, don Angelo se retourna vers le plus adroit chasseur de sa suite, et lui dit : « Notre sûreté dépend de notre premier coup de feu; ajuste bien ce bœuf à la tête, je me charge de l'autre. » — Quand les bœufs s'affaissèrent sous une double détonation, les assistants poussèrent des exclamations et s'accroupirent tous à la fois en se tenant la tête dans les mains.

Depuis ce moment don Angelo est devenu pour eux un Jupiter, un maître du tonnerre et de la vie des hommes. Sa réputation s'étendit si loin qu'une horde de Karakrah ou Gallah qui était en route pour attaquer les Berry, rebroussa chemin en apprenant que ces derniers avaient parmi eux un défenseur si terrible.

Chaque matin, don Angelo trouvait des moutons, des agneaux, des poules attachés devant la porte de sa maison par une providence invisible. Des personnes chargées d'épier son réveil lui présentaient à son lever des calebasses pleines d'eau pour sa toilette, et qu'elles lui offraient à genoux. Sa maison était chaque jour aussi balayée avec un soin minutieux.

La langue des Berry est un mélange de celles des Chelouk, des Denka et des Berh.

Ils ne s'arrachent pas les dents incisives de la mâchoire inférieure, comme le font les riverains du Nil, mais ils se percent la lèvre au-dessus du menton pour y placer un morceau de cristal cylindrique, long d'un pouce et demi. Leurs femmes se percent le bord des oreilles pour y suspendre des grains de verroteries. Le *seul vêtement que portent les* Berry *consiste en* deux lisières croisées en forme de T. La bande transversale, large de cinq pouces, leur couvre la tête et descend sur les tempes ; l'autre bande, beaucoup plus longue et large de trois à quatre pouces, est tressée avec leurs cheveux de derrière et descend jusqu'au jarret. Cette tresse est garnie de verroteries. Les Berry sont si fiers de cet ornement qui les distingue des autres tribus, que pour en posséder un moi-même, j'ai dû m'adresser à leur roi Macherbon, qui me l'a envoyé avec sept dents d'éléphants en présent.

Malheureusement ce cadeau n'arriva pas d'abord à destination; elles furent vendues aux barques turques par suite des suggestions d'un habitant de Bellénia. Le roi ayant été informé de cet abus de confiance, donna ordre de tuer cet homme s'il reparaissait dans ses États ; non content de cela, il envoya une armée pour s'emparer des bestiaux d'un village Berry, afin que la punition fût exemplaire. Le village, heureusement prévenu à temps, put mettre ses bestiaux en sûreté. Le roi nous fit dire qu'il ne laisserait jamais passer dans d'autres mains que les nôtres les dents qu'on recueillerait dans son pays.

Les ennemis les plus redoutables des riverains du Saubat sont les Gallah ou Karakrah à l'est, et les Nouer au nord-ouest. Les premiers ont conservé toute leur férocité primitive; en outre de leurs bagages, ils vont à la guerre avec leurs femmes et leurs enfants qui se mêlent aux combats et deviennent, en cas de défaite, la proie du vainqueur. Ils ne font aucun quartier à leurs ennemis, mais aussi jamais ils ne demandent grâce pour eux-mêmes; les termes moyens leur sont inconnus : ou ils meurent sur le champ de bataille ou ils s'installent dans le village ennemi.

Lorsqu'ils sont vainqueurs, ils tuent ou brûlent ce qu'ils dédaignent, ne conservant que ce qui peut leur être utile. Des individus, ils font des esclaves; des mobiliers et des maisons, des cendres.

Ils n'ont pour ces guerres meurtrières que deux armes : l'une offensive et l'autre défensive. La première est une lance dont la hampe n'a pas moins de dix à douze pieds de long, et dont ils ne se désaisissent jamais. Pour s'abriter des flèches de leurs ennemis, ils ont un long bouclier; ils s'avancent toujours en poussant d'horribles cris de guerre, et il est rare que les nègres soutiennent leur premier choc. Une horde de ces barbares a ravagé, il y a sept ans, le pays des Berry, qui ont alors émigré chez les Bary et les Lyria, où il en est resté jusqu'à présent. Les Karakrah ont aussi incendié, il y a quatre ans, plusieurs villages Niaguès, desquels ils ont enlevé plus de trois mille bœufs. C'est par de semblables hordes qu'une partie de l'Abyssinie fut envahie dans le quinzième siècle, et que les Chelouk ont été forcés d'émigrer sur les rives du fleuve Blanc, où ils sont restés.

Les Nouer forment également une grande tribu guerrière et redoutable à leurs voisins les Kik, les Chelouk et les Denka. Leurs possessions s'étendent depuis les rives du Saubat jusque vers le 7e degré de latitude nord.

Le Misslad se joint au Nil vers le 10e degré

de latitude nord, à deux jours sud-ouest de l'embouchure du Saubat. M. d'Arnaud, qui dirigeait les premières expéditions turques, a navigué sur cet affluent pendant huit jours, et il lui a trouvé, pendant ce temps, l'aspect d'un vaste lac peu profond, parfois couvert de plantes aquatiques, au travers desquelles il fallait que les barques pussent se frayer un passage. Malheureusement la mauvaise qualité de l'eau et l'humidité des brouillards causèrent dans le personnel commandé par M. d'Arnaud, des fièvres dangereuses qui forcèrent ce géographe à revenir sur ses pas. Il est regrettable qu'il n'ait pu continuer le voyage, car la navigation de ce bras de rivière intéresse encore plus le commerce de l'Égypte que celui du sud. M. d'Arnaud eût trouvé, au bout de deux jours seulement de persistance, un fleuve coulant entre deux rives boisées, au lieu de ce marais pestilentiel qu'il avait fui. Il eût pu, sur la rive droite, se ravitailler et établir des relations importantes avec les nègres Djak et Ginguès, ou sur la rive gauche avec les Bakkara-Omour.

Ceux-ci avaient aperçu les voiles des barques de M. d'Arnaud ; ils se trouvaient alors campés avec leurs bestiaux dans les plaines que le Nil couvre de gazon en se retirant, et sur les hautes terres boisées et sillonnées par les torrents qui descendent du versant des montagnes Noba. J'eus occasion de voir des Selems qui se trouvaient chez les Bakkara-Omour à cette époque, et ils m'ont fait connaître l'inquiétude qu'avaient causée la présence inattendue de ces barques.

Ces peuplades tranquilles, habituées à la monotonie d'une existence sans trouble, s'assemblèrent pour délibérer sur le parti à prendre dans le cas où les barques eussent contenu des agresseurs. Les uns voulaient enlever immédiatement les tentes et les bestiaux, et assurer par la fuite leur tranquillité future; les autres voulaient attendre le débarquement et se tenir en armes, sur la défensive, en cas d'agression; dans le cas contraire, se préparer à recevoir et à faire fête aux nouveaux venus. Ce dernier avis prévalut; chacun prit ses armes, puis on amena les bœufs et les moutons qu'on devait sacrifier à l'hospitalité, tandis que les femmes et les enfants s'empressaient de choisir ce qu'ils croyaient possible d'échanger contre des verroteries, car on avait supposé aussi que les barques étaient chargées d'ambre et de corail.

Quand les védettes placées sur les hauteurs vinrent annoncer que les barques, objet de tant de soucis, avaient disparu, les Arabes furent plus désappointés que satisfaits; la crainte avait cessé, et ils ne pensaient plus alors qu'au plaisir qu'ils auraient eu à procurer à leurs femmes et à leurs filles les parures dont elles étaient si envieuses.

Les Risekats, dont les possessions s'étendent jusqu'au Darfour, ont secoué le joug de ce pays, il y a quelques années, après trois victoires successives remportées sur des armées dont la moindre était de 3,500 cavaliers.

La première expédition darfourienne se trouva pendant une nuit cernée dans un marais où elle resta ensevelie; un seul chef parvint à s'échapper et porta au roi la nouvelle de ce désastre, résultat de la vengeance d'un guide qui avait à venger la mort de ses deux fils tués dans une rencontre précédente par les soldats darfouriens.

Après les terres des Risekats, le Misslad fait un coude au sud, et là, au dire des Arabes Hawasma, il reçoit deux canaux, probablement alimentés par les eaux pluviales des marais supérieurs. Selon ce peuple, le fleuve revient ensuite à l'ouest, traverse une cataracte et laisse à sa gauche les frontières sud du Darfour, où des nègres pêcheurs appelés Reihya vont vendre des poissons séchés au soleil et fumés à leurs foyers.

De là, le Misslad passe à quatre à cinq journées des derniers villages sud du Waday et sort du lac Fitri vers le 13e degré de latitude nord sur les confins du royaume de Bourgou.

Des pèlerins Fellatah, habitant les rives de ce lac, m'ont assuré que le Bar-el-Ghazal était un autre affluent considérable qui, du sud, venait se joindre au Misslad à trois journées est du lac Fitri.

Sur les rives de ce fleuve et de ses affluents, on pourrait établir un grand commerce d'ivoire et de métaux précieux. Les montagnes situées au pied du Darfour renferment de riches mines de cuivre.

Des marchands darfouriens et bourgouans, que l'envie de s'enrichir porte à tout braver, entreprennent quelquefois vers le sud un voyage plein de fatigues et de dangers. Après une route de quarante-cinq jours, à travers des peuplades ennemies, des forêts et des montagnes qu'ils sont obligés de franchir à pied, ils trouvent d'autres montagnes aurifères dont les habitants échangent presque au poids de l'or les verroteries qu'on leur apporte.

Pour faire ces dangereux voyages, ces marchands se réunissent en certain nombre, tous bien déterminés à mourir ou à sortir de la misère ; le jour de leur départ ils prennent congé de leurs parents et de leurs amis, font leurs ablutions comme s'ils étaient à leur dernière heure, puis s'en vont poussant devant eux les baudets chargés de provisions, de verroteries et du linceul dont les survivants doivent envelopper celui qui succombera. C'est du reste le devoir de tout bon musulman de porter avec lui son suaire, dans un voyage un peu long ou dangereux.

Pour avoir une idée de l'importance que le commerce de l'ivoire pourrait acquérir dans ces contrées, il suffit de savoir que Chérif, roi des Waday, a envoyé, il y a quatre ans, à Bengasi, deux mille quatre cents quintaux de dents d'éléphant, presque toutes prises sur les bords du Misslad.

Échange de l'ivoire chez les nègres du fleuve Blanc.

Pour que les marchands de Darfour, de Waday, de Bourgou et de Bagharmi vinssent porter à nos barques ou à nos comptoirs les richesses qu'ils vont échanger au delà du Sahara, il suffirait d'escompter la différence qu'il y a entre les frais de transport par le Sahara et ceux par le Nil. En outre, les prix auxquels nous pourrions livrer nos articles nous feraient donner la préférence sur les marchands des côtes barbaresques.

Tous les pays dont je viens de parler plus haut ne tarderaient pas à devenir tributaires de l'Égypte, dont le commerce acquerrait une importance colossale. De plus, elle civiliserait ces contrées éloignées, elle y abolirait l'esclavage et retrouverait sans doute le rang dont elle jouissait dans les plus beaux temps des Pharaons.

En un mois, nos barques arriveraient aux frontières de Bourgou avec le mousson du nord, d'octobre à mars, et pourraient en revenir en dix-huit ou vingt jours, en partant en avril, avec le mousson du sud.

Ce que je dis du commerce de l'Égypte peut s'appliquer également à celui du Sennar. La navigation qui rendrait ses relations avec les tribus du désert fréquentes et lucratives, lui assurerait aussi une richesse par l'exploitation des forêts de mimosas, qui bordent le fleuve Bleu et le fleuve Blanc ; mais le gouvernement devrait patroner et protéger les premières expéditions, afin qu'elles pussent repousser les agressions auxquelles elles seraient exposées, et aussi pour donner à nos barques un certain prestige, déjà un peu acquis chez les peuples du sud par la puissance de nos armes à feu.

Il serait aussi fort important que ces expéditions fussent dirigées par des individus sur la moralité desquels on pût compter; il faudrait même les choisir assez éclairés pour comprendre la mission humanitaire et civilisatrice dont ils seraient chargés, et, pour parvenir à ce but, ils devraient être pleins d'abnégation et prêts à sacrifier toute considération personnelle.

Des égoïstes objecteront peut-être ici qu'ils ne se rendent pas compte de l'utilité ni de l'importance qu'il y aurait à civiliser les peuples dont nous venons d'esquisser les principaux traits; que l'Égypte et l'Europe se sont bien passé jusqu'ici des trésors enfouis dans les déserts, et qu'il est inutile de faire des expéditions dangereuses et onéreuses pour avoir un peu plus d'ivoire ou de gomme, ou pour apprendre les belles manières à de stupides sauvages. Des misanthropes affirmeront que la civilisation n'est bonne à rien et produira, au contraire, des désordres imprévus dans les mœurs primitives et brutales des peuples du désert, etc., etc.

Certes, à côté des avantages se trouveraient de nombreux inconvénients, mais il en est ainsi de toutes choses, et il est, en somme, plus avantageux pour la grande famille humaine de ne pas se parquer dans certaines contrées sans nouer de relations avec les habitants des pays voisins. Où en serions-nous si les échanges ne venaient pas nous faire jouir des productions des autres contrées, et si nous étions réduits à nos maigres ressources !

D'ailleurs, ce qui doit consoler les habitants des pays civilisés, c'est que les relations qu'ils auront avec les sauvages tourneront toujours au plus grand avantage des premiers, puisqu'elles contribueront à augmenter leur bien-être matériel.

Je n'affirme pas que les sauvages en deviendront plus heureux, car, s'ils ont de grands défauts, ils sont loin de posséder la rouerie et l'astuce qui font la force de l'homme de la civilisation. Ils ignorent les moyens de s'enrichir frauduleusement, l'art de falsifier les marchandises, de spéculer sur les valeurs fictives et d'exercer sur les leurs le prestige du charlatanisme.

Enfin, malgré leurs mauvaises qualités, ils sont, plus que nous peut-être, dans l'esprit de ce divin précepte : Aimez-vous les uns les autres.

A partir de sa jonction avec le Misslad, la branche affluente du sud serpente à travers des marais couverts de joncs et de forêts de hambadj; les sinuosités qu'elle parcourt sont si nombreuses, que le même vent est favorable et contraire à chaque demi-heure de marche. *La plupart de ces détours sont au nord et au* nord-est; souvent on a derrière soi des barques qui vous ont devancé. Comme on ne peut prendre pied sur ces bords hérissés de joncs flottants dans l'eau, on est forcé de remonter le courant à force de rames pour retrouver un endroit abordable.

L'eau est très-forte et la navigation difficile et fatigante pendant dix à quinze jours. Souvent, quand les vents soufflent du nord-est, il arrive que l'équipage s'est donné des peines infinies pendant toute une journée pour faire une demi-lieue de chemin. A l'approche de la nuit, on est plongé dans une brume épaisse que les rayons du soleil ont peine à dissiper au matin A ce moment, les barques et les effets de l'équipage sont mouillés comme s'ils sortaient du fleuve; l'eau est noire, huileuse, chargée de détritus végétaux, d'insectes et d'herbes qu'elle entraine des marais. La chaleur étouffante du jour, l'humidité continuelle de la nuit causent aux voyageurs des coliques, des fièvres et des diarrhées intenses.

Le Nil est à chaque pas encombré d'îles flottantes qui arrêtent les barques, et ce ne sont pas les seules incommodités qu'il faille supporter dans ces marais. Dès le coucher du soleil, des nuées de moustiques envahissent les barques et obligent les gens de l'équipage à s'enfermer dans leurs moustiquaires. Si pourtant on veut jouir d'un spectacle curieux, il faut s'envelopper les pieds et les mains, s'armer d'un mouchoir pour défendre le visage, et alors on verra la barque couverte de vers luisants, beaucoup plus gros que ceux d'Europe; ils se font pendant la nuit une chasse des plus singulières; ils montent jusqu'à la hauteur des vergues, s'évitent, se cherchent, se cachent, paraissent et disparaissent en lançant des myriades d'étincelles.

On entend aussi dans le calme de la nuit des bruits discordants que font une multitude d'insectes perchés sur des roseaux ou rampant sur les nénuphars; les uns semblent contrefaire le bruit particulier que font entendre les cigales, les autres imitent le son des castagnettes; ceux-ci coassent, ceux-là sifflent, on dirait l'harmonie imitative du chaos. Tels ont dû être les premiers accents qui ont rompu le silence du néant.

Vers le milieu des marais dont j'ai parlé, on aperçoit les villages de Gaden et de Tabac, où les premiers voyageurs ont commis des massacres parce qu'ils ont vu une offense dans l'offre qui leur fut faite par les naturels de partager leurs repas, composé de chair de chien.

De place en place, on aperçoit quelques tertres sur les hauteurs desquels des groupes de nègres observent les barques qui passent. Ces habitants, pour se garantir de la piqûre des moustiques, ne trouvent rien de mieux que de se couvrir de cendres au milieu même desquelles ils se couchent. La sueur entraîne une partie de la cendre, et leur figure, ainsi que le reste de leur corps, se trouve marqué de sillons noirs et blancs qui sont loin de donner un aspect agréable à ceux qu'ils défigurent.

A l'est de ces marais est un canal qui commence près des villages de Fayak et aboutit au Nil à deux lieues au-dessus du Saubat; mais ce canal est obstrué vers son embouchure par des herbes que les équipages de deux barques pourraient facilement déblayer en quelques jours; à l'aide de ce travail le canal deviendrait navigable, abrégerait le chemin et n'aurait pas la plupart des inconvénients de la route principale.

En 1845, lorsque nous parcourions le Nil, troquant et vendant nos marchandises, les gens d'Ibrahim et de Caled-Pacha nous y poursuivirent, dans le but de nous mettre hors d'état de diminuer les bénéfices que ces princes réalisaient sur le fleuve Blanc.

En passant devant l'embouchure du canal, nos poursuivants, presque tous dans un état d'ivresse qu'ils entretenaient pour s'exciter au combat qu'ils comptaient nous livrer, prirent ce canal pour la branche principale du fleuve et continuèrent à le suivre, sur l'assurance qu'on leur avait donnée, aux premiers villages des Nouer, qu'il aboutissait au Nil.

Après huit jours de navigation, ils furent obligés de revenir sur leurs pas et d'ajourner leurs projets contre nous; ils eurent un tel dépit de ce contre-temps qu'ils brûlèrent les villages qui les avaient, croyaient-ils, mal renseignés, massacrèrent un grand nombre d'habitants et emmenèrent en esclavage les filles et les garçons qui leur convinrent.

Les chefs de cette mémorable expédition étaient :

Mahomet-Aga, lieutenant et drogman ;

Soliman-Aga, lieutenant turc de l'armée du Sennar ;

Fatahallah-Chaous;

Et Caleb-Effendi, de la maison de S. A. Ibrahim-Pacha.

A quatre ou cinq lieues au nord de Dim, premier village des Kik, vers le 7e degré de latitude nord, se trouve l'embouchure d'un canal qui descend des montagnes du Combirad vers l'Équateur, et coule parallèlement avec le fleuve, à trois ou quatre journées de la rive occidentale.

Les principales tribus qui habitent sur ses rivages sont les Loot, chez lesquels les Kik vont acheter la plus grande partie de l'ivoire qu'ils nous vendent. Leurs villages les plus importants sont You, près de Dim; puis Bak et Coumialou, vers le sud. Ensuite viennent les Madars, les Fadjuli, entre le 6e et le 4e degré 1/2 de latitude nord, et les Angora, vers le 3e degré. Il est difficile d'établir des relations commerciales avec ces dernières tribus, tant à cause de leurs continuelles hostilités avec les riverains du fleuve que parce que ce canal, appelé Modj par les Kik et Louri par les Bary, cesse d'être navigable pendant une grande partie de l'année.

Fayak, forêt appelée Raba-Chambil par les marins, est le premier endroit où l'on puisse prendre terre. Chez les Kik, c'est aussi une des places les plus importantes pour le commerce de l'ivoire. L'expédition turque y a récolté, dans une des dernières années, quatre cent quarante-quatre dents d'éléphant, c'est-à-dire le tiers du produit du pays. Les gens que j'y ai laissés l'année dernière m'en ont acheté une centaine de quintaux.

Lorsque les équipages arrivent à cette espèce

d'entrepôt, les uns se livrent au repos, les autres aux plaisirs de la chasse. La forêt qui arrive jusqu'au fleuve renferme des bœufs sauvages, des singes, des autruches et plusieurs espèces d'antilopes. On y trouve aussi des cigognes, des marabouts, des poules d'eau, des ibis, des martin-pêcheurs à l'aigrette variée des plus vives couleurs.

En 1844, j'ai acquis à Fayak une famille de serviteurs dévoués qui m'ont déjà rendu de grands services; voici comment :

Chaque jour je voyais une femme, pâle et amaigrie, accompagnée d'une fille et de deux petits enfants chétifs et souffreteux, s'approcher de nos tentes et ramasser avec empressement les restes dédaignés et repoussants des animaux que nos équipages sacrifiaient pour leur nourriture. Pris de pitié à la vue d'une si affreuse misère, j'avais fait donner à cette malheureuse un peu de dourah (maïs blanc). Cette faible aumône lui avait inspiré de la confiance et avait même établi un peu de familiarité entre elle et nos gens. Elle apprit un jour, en causant avec notre drogman (interprète), que les gens qui me servaient ne ressentaient jamais la faim; elle s'écria : « Que vous êtes heureux vous autres ! Depuis que les Nouer ont enlevé nos vaches, nous mourons de besoin; mon mari et deux de mes enfants ont déjà succombé ; le même sort nous attend si votre maître n'a pas pitié de nous. S'il veut nous emmener avec lui, nous le servirons bien, et, ajouta-t-elle en pleurant, je pourrais ainsi sauver les enfants qui me restent. »

Toute la famille devint dès lors ma commensale; le jour du départ, la mère reçut les adieux d'une de ses filles, mariée dans le pays, ainsi que ceux de plusieurs amis, heureux peut-être de n'avoir plus à s'inquiéter d'elle. Tous me comblèrent de bénédictions, en retour desquelles je leur distribuai quelques verroteries. Depuis j'ai marié la fille, qui s'était embarquée avec nous, à un de mes domestiques, qui en a eu deux enfants.

Les présents que j'ai fait donner aux parents de ma mendiante, à chacune de mes expéditions, ont changé leur position. Je les ai trouvés, il y a peu de temps, aisés et reconnaissants; ils ont apporté des bœufs à nos équipages, et pendant notre séjour chez eux, ils sont restés nuit et jour près de nos barques.

En revenant dans cet endroit, au bout de quelque temps, et en voyant les troupeaux de son gendre, la pauvre femme que j'avais emmenée sentit renaître en elle l'amour de son pays et me demanda de me quitter. Je l'ai laissée en bonne situation, n'étant à charge à personne, et son gendre, devenu mon commis, fait pour moi des achats d'ivoire pour le prochain retour des barques qui lui ramèneront le reste de sa famille.

J'ai également laissé, il y a peu de temps, à quelques lieues plus haut que Fayak, un Syrien et quelques hommes chargés de m'acheter de l'ivoire et de continuer le voyage que j'avais entrepris, en 1844, sur les rives du Modj pour établir des relations avec les Loot. Mes agents firent ce voyage avec un chef influent qui m'avait accompagné à Anteb. Lorsque nous nous sommes retrouvés, il m'a reconnu et rappelé les principaux épisodes de notre course; il m'a affirmé que les Kik étaient revenus de l'opinion qu'ils avaient de nous, qu'ils ne croyaient plus à nos maléfices, et que mes gens seraient d'autant mieux reçus par eux qu'ils attribuaient à notre influence la bonne récolte qu'ils avaient faite après mon départ.

Tous les habitants du village de Dot m'ont suivi jusqu'à ma barque, le jour où j'ai laissé *mes chargés d'affaires avec eux*, en me protestant du geste et de la bouche que ceux que j'abandonnais seraient en sûreté et qu'on veillerait à leur tranquillité. Le Syrien, appelé Ibrahim-Baz, s'est si bien trouvé, en effet, dans cette tribu, qu'il y est resté encore cette année, après m'avoir fait parvenir une centaine de quintaux d'ivoire.

Le *premier* voyage que je fis, en 1844, a été

loin d'être lucratif et agréable. Les agents du gouverneur général, que nous avions rencontrés en montant au lac Nau, craignant que nos barques ne devançassent les leurs, et qu'ainsi, entamant les négociations avant eux, nous ne portions préjudice aux intérêts de leur maître, nous posèrent l'alternative ou de nous faire accompagner par leurs barques, afin que leurs soldats missent obstacle à nos communications avec les naturels, ou bien de nous faire donner le quart du produit de notre voyage.

Je dus accepter la dernière de ces conditions, autant pour m'éviter les désagréments qu'un refus m'aurait attirés, que pour complaire à mon associé, qui s'exagérait les dangers que nous pourrions courir en résistant. Nous ne tardâmes pas à être convaincus que ces propositions n'étaient qu'un piége tendu à notre bonne foi. En effet, au lieu de prendre la part que nous étions convenus de leur accorder, nos concurrents se firent eux-mêmes la part du lion, ne nous donnant que ce qu'ils voulaient, ou plutôt, pour parler justement, ce qu'ils ne voulaient pas. Non contents de cet acte de déloyauté, ils intriguèrent tellement autour de mon équipage, ils effrayèrent si bien nos marins par des menaces, que lorsque je voulus renoncer à mon voyage et me séparer de ces indignes agents, j'éprouvai de la part de mes subalternes une résistance devant laquelle il me fallut céder. Ils s'exagéraient d'autant plus les dangers qu'il y avait à voyager avec nous seuls, qu'un soldat de l'expédition turque avait été tué par les Bhor, presque sous nos yeux, malgré la vigilance des sentinelles.

La mort de cet homme a été l'occasion de

malheurs si déplorables, que je crois devoir suspendre un instant le récit qui m'est personnel, pour en instruire le lecteur.

Nous étions devant les possessions des Bohr, dans un endroit appelé par nos marins Ghaba, forêt de l'Effendi, parce qu'un écrivain turc y mourut lors de l'expédition commandée par M. d'Arnaud.

Un soldat égyptien reçut, en faisant du bois, un coup de lance qui lui perça le bras et la poitrine. A ses cris, à la vue du sang qui sortait à gros bouillons de sa bouche, une fureur générale s'empara des équipages. Tous ceux qui avaient un fusil à la main le déchargèrent sur la foule des nègres qui se trouvait en face de nous; ceux qui n'avaient point d'armes, officiers, soldats, marins, même M. Lafargue, mon associé, allèrent aux barques prendre des fusils et des cartouches et poursuivirent les nègres, qui disparurent dans la forêt. On les chassa ainsi jusqu'à un village de pêcheurs Éliab, qui se trouvait à une demi-lieue environ. Ce village fut incendié, ses habitants, qui s'étaient réfugiés dans un étang, y furent noyés ou fusillés au nombre de plus de quarante, au dire même de M. Lafargue.

J'étais resté presque seul avec quelques soldats et plusieurs marins, qui secoururent le blessé, que nous n'eûmes pas le bonheur de sauver ; encore avais-je eu beaucoup de peine à les retenir près de moi. Si les nègres s'étaient ravisés, rien ne leur eût été plus facile que de s'emparer de notre flottille et d'exterminer les Turcs, qui revinrent quelques heures après essoufflés et sans cartouches, amenant seize ou dix-huit esclaves, femmes et enfants.

Un de ceux-ci fut assez heureux pour s'échapper du milieu de douze soldats, qui firent feu sur lui presque à bout portant.

Pourtant, les gens du village Éliab étaient innocents du meurtre de l'Égyptien; l'assassin n'était ni de leur tribu ni de leur village, car il fut rencontré quatre heures après les événements avec son compagnon, et tenant à la main sa lance ensanglantée. Un sergent parvint à s'emparer de lui et de son compagnon en leur offrant quelques grains de verroteries, et les amena près des barques. Ils avouèrent, sans difficulté, qu'ils avaient tué le soldat pour s'emparer des verroteries qu'il avait eu l'imprudence de leur montrer un peu auparavant. J'assistai au jugement de ces assassins qui furent pendus à un ébénier.

Au coucher du soleil, les parents des prisonniers capturés vinrent essayer de racheter ceux qu'ils affectionnaient et offrir pour cela des vaches qu'ils avaient amenées; ils furent repoussés, et ce fut en vain que je représentai aux officiers qu'ils agissaient arbitrairement, et que, puisque les coupables étaient trouvés et punis, les innocents devaient être mis en liberté, eux qui avaient tant de malheurs immérités à déplorer.

Les officiers me répondirent qu'un soldat de Mahomet-Ali n'était pas trop payé par la valeur de mille esclaves; ce ne fut que trois jours après, et en les menaçant de faire un rapport contre eux, qu'ils se décidèrent, à regret, à rendre les malheureux captifs à ceux qui les suivaient en se lamentant.

Parmi les pièces relatives à cette triste affaire, qui sont en ma possession, en voici une que je traduis ici sur le texte arabe ; elle prouve péremptoirement que je n'ai pris qu'une part de conciliation dans cet injuste massacre.

TÉMOIGNAGE DE DIVERS AU SUJET DU MASSACRE QUI A EU LIEU CHEZ LES BOHRR EN 1844.

Assure et témoigne celui dont le cachet est apposé au bas. Il déclare que le 18 du mois de zelhedje 1261 (24 décembre 1844), nous étions en voyage sur le fleuve Blanc, sous le commandement de Moussa-Aga, capitaine, et autres, dans les barques du gouvernement. Nous avions abordé à la forêt de l'Effendi, pays des Bohrr; un soldat s'était éloigné des barques, les noirs l'ont frappé de leurs lances ; cet homme s'est sauvé vers nous tout ensanglanté. Lorsque nos soldats ont vu cela, ils ont pris leurs armes et nous sommes allés à la poursuite des noirs dans la forêt, et avec nous le marchand Lafargue et son capitaine Soliman, et deux de ses marins avec leurs armes. Ils nous ont suivi jusqu'au village des pêcheurs de la tribu des Éliab, à environ une demi-heure des barques. Nous avons envahi ce village, brûlé les maisons et tué d'entre eux environ trente-deux et plus. Après cela nous sommes revenus aux barques, emmenant avec nous dix-huit esclaves que nous avions pris dans le village. Pendant tout ce temps le négociant Yakoub (Brun) était resté pour la garde des barques, et il ne s'est pas éloigné de là; il a empêché le reste des soldats de se joindre à nous pour poursuivre les nègres. Pendant deux jours il nous a priés de relâcher les dix-huit esclaves, jusqu'à ce qu'il ait obtenu leur délivrance. De même Aly-Chaous (le sergent), de la 4e compagnie, 5e bataillon, a amené les deux noirs qui ont tué le soldat. Après qu'ils eurent été garrottés et qu'il eut été prouvé que c'était eux qui avaient tué le soldat, on les a pendus aux arbres. Voilà comme les choses se sont passées. Pendant ce temps-là le négociant Yakoub (Brun) ne s'est pas éloigné des barques et a été étranger à ce qui s'est passé, lui et son équipage.

Sont témoins de cela ceux dont les signatures sont ci-après :

SOLIMAN-AGA, lieutenant de la 5e compagnie du 1er bataillon du 1er régiment.

FAKI-MAHOMED, délégué du Cadi devant lequel ce témoignage a été fait.

MAHOMED-AGA, sous-lieutenant, 4e compagnie, 1er régiment, qui était drogman de l'expédition du gouvernement.

Témoigne comme ci-dessus :

ALY-AGA, capitaine, 8e compagnie, 4e bataillon, 1er régiment, faisant partie de l'expédition.

Je certifie que telles sont les dépositions et

les déclarations des personnes ci-dessus nommées.

Suit le cachet du Faky de Dieu.

KALIL, Cady du Soudan.

Ces événements, ainsi que les menaces des chefs turcs, avaient, comme je l'ai dit précédemment, disposé mon équipage à la désobéissance, et ce ne fut qu'à notre retour à Bongu et moyennant la promesse que je fis aux agents turcs de les attendre plus loin, que nous parvinmes à nous séparer d'eux et à décider nos gens à exécuter le voyage que je méditais.

Cette séparation n'était pas sans être d'un grand intérêt pour moi. En retournant à Carthum, escorté des barques du gouvernement, c'était confirmer l'opinion générale, et surtout celle des marins, qu'on ne peut voyager sur le fleuve Blanc qu'avec la force armée. D'un autre côté j'établissais un précédent, en consentant à abandonner au gouverneur le monopole que justement je voulais faire cesser ; je renforçais ainsi les obstacles que la cupidité, la jalousie et l'avarice de quelques Turcs élevaient contre la civilisation ; c'eût été souffrir l'exploitation des riverains du vrai Nil.

Afin de réparer les pertes que nous avait causé la mauvaise foi des chefs dont nous étions enfin séparés, je résolus de me rendre au canal Modj, éloigné du Nil de trois ou quatre jours de marche, et de le remonter s'il se trouvait navigable.

A force de promesses, je parvins à décider cinq de nos marins à m'accompagner ; je partis donc avec eux, mon drogman et le chef de la tribu des Kik qui s'était offert à nous protéger et à nous servir de guide. Cet homme, nommé Dout, était aussi parent du roi des Loot, chez lesquels je comptais me rendre; il nous avait assuré que nous trouverions partout un bon accueil et des vivres en abondance; mais nous ne tardâmes pas à voir qu'il avait exagéré sa puissance et son crédit.

A notre arrivée nous dûmes traverser, pendant deux heures, un marais dont l'eau nous venait à la ceinture, et dont les plantes aquatiques, les lianes, les herbes embarrassaient notre marche, empêchés que nous étions par nos armes et nos vêtements. Nous avancions lentement, tandis que les naturels qui nous accompagnaient, libres de toute entrave, couraient comme des échassiers au milieu des obstacles, disparaissaient tout à coup, pour se montrer une seconde après sur le haut des tertres qui entouraient le marécage.

En passant devant les premières huttes que nous ayons rencontrées, nous fûmes accueillis par les habitants comme le prophète Elisée par les enfants de Bethel, avec des injures et des mottes de terre. Ils reprochaient à notre guide de leur avoir amené des sorciers, qui leur apportaient la peste, la famine et tous les fléaux connus. « Ne vous rappelez-vous pas, disaient-ils, l'épizootie qui a décimé nos bestiaux après l'apparition des *blancs?* Les amenez-vous ici pour nous détruire nous-mêmes? »

Plus patient que le prophète, je ne maudissais pas ces crédules habitants et n'appelais point à mon secours les lions de la forêt; mes marins étaient fort effrayés et ne prenaient pas la peine de cacher leur peur ni l'envie qu'ils avaient de fuir. Je pris à part mon drogman et lui recommandai de ne leur rien traduire qui pût augmenter cette frayeur; mais notre guide ayant voulu répondre aux injures qui nous accablaient de toutes parts, on en vint aux mains et nous dûmes intervenir pour terminer la lutte.

Enfin, à une heure du matin, nous arrivâmes à un village soumis au pouvoir de notre chef et où nous espérions trouver au moins le repos et la sécurité; mais nous tombâmes de Carybde en Scylla. La femme de notre guide nourrissait contre les blancs une haine motivée et dont voici l'origine : A l'arrivée de la première expédition turque, ses enfants avaient eu, comme le reste de la population, la curiosité d'aller voir *les fils du ciel* (c'est ainsi qu'alors on appelait les blancs). La plus belle de ses deux filles plut à un des chefs de cette expédition, nommé Soliman-Cachef, qui la fit enlever.

Je dus subir la haine, supporter les invectives et les malédictions que méritait la lubricité de Soliman.

D'abord, la femme et le mari eurent un colloque animé que je pris pour une querelle conjugale; mais quand le chef lui eut dit que nous n'étions pas des hommes à nourrir avec les fruits cuits à l'eau qu'elle nous destinait, et qu'il eut pris une des chèvres qui partageaient la misérable enceinte de paille où nous nous trouvions, pour la livrer au couteau de mes gens, la femme ne se contint plus et vomit contre nous un torrent d'injures; elle nous accusa d'avoir dévoré sa fille et de vouloir encore tuer tous ses bestiaux. Ses cris mirent en émoi tous les habitants du village, qui vinrent faire chorus avec elle, et bientôt nous fûmes entourés d'un triple rang de lances et de figures sinistres qui semblaient appartenir à des démons. La colère me suffoquait ; mais, malgré un ardent désir de me faire respecter en usant de mes armes, je parvins à me contenir ; bientôt la place ne fut plus tenable, les menaces et les injures prenaient de nouvelles forces, et notre guide s'enfuit en nous maudissant et nous reprochant d'être la cause d'une émeute semblable.

Sa fuite me causa un peu d'inquiétude ; je pensai que notre hôte voulait s'éviter le spectacle que la réalisation des menaces dont nous étions l'objet ne tarderait pas à lui donner.

Lorsque j'eus bien compris, à l'aide de mon interprète, la vérité de la situation, je m'empressai de faire donner à notre malencontreuse hôtesse quelques poignées de verroteries ; je lui affirmai ensuite que sa fille était vivante, heureuse, couverte de bijoux de la tête aux pieds, qu'elle avait déjà deux enfants, qu'elle viendrait voir sa mère l'année suivante avec son ravisseur, et qu'elle lui apporterait de riches présents.

L'effet de ma révélation, ou plutôt, je crois, le cadeau qui l'accompagnait, me fit penser que cette femme était au moins aussi intéressée que tendre mère, car aussitôt elle cessa ses injures, parut oublier sa fille et le sacrifice de sa chèvre, et m'envoya son autre fille pour me servir. Charmés sans doute de cette réconciliation, les voisins se retirèrent les uns après les autres, et le village rentra bientôt dans son calme ordinaire.

Je crus alors qu'il nous serait permis de prendre un repos dont nous avions bien besoin ;

mais à peine commençais-je à m'endormir et mes gens à se rassurer, tout en faisant griller leur repas autour d'un brasier, que des cris m'éveillèrent et causèrent aux convives de nouvelles terreurs. Les nègres armés sortaient de toutes parts en criant : *Tom! tom!* (l'éléphant.) Mes gens se crurent à leur dernière heure et se préparèrent à la mort par un fervent acte de foi; pourtant ces cris n'annonçaient que l'approche de quelques éléphants qui traversent parfois les villages en renversant sur les dormeurs les cabanes protectrices de leur sommeil.

Je profitai de cette circonstance pour tâcher de détruire tout à fait les préjugés de nos hôtes, et pour leur prouver que j'étais plus disposé à les servir qu'à leur nuire, je marchai au-devant des visiteurs nocturnes, et je tirai quelques coups de fusil. Ces détonations eurent un double effet; elles firent rentrer les éléphants dans la forêt, les nègres dans leurs huttes, et j'assurai ainsi le repos du village entier.

Le lendemain matin, en se réveillant sains et saufs, nos hôtes parurent convaincus que nous n'avions apporté aucun maléfice et qu'en réalité nous n'étions pas dangereux; une grande partie des habitants du village vint en procession m'amener un énorme bœuf qu'ils me prièrent d'accepter en signe de réconciliation et de repentir du mauvais accueil qu'ils m'avaient fait la veille. Ils m'engagèrent à rester avec eux, et leurs femmes vinrent approprier, avec leurs mains, la place où je m'étais blotti à l'ombre d'un byglik, pendant que les plus vieilles dansaient en chantant autour du bœuf qu'on m'offrait.

Ce fut précisément alors que mon guide reparut, et, me voyant au mieux avec sa femme et ses compatriotes, me demanda si je voulais continuer mon voyage. C'était en réalité mon désir, mais les scènes de la veille avaient effrayé mes compagnons, qui me signifièrent nettement qu'ils n'iraient pas plus loin. D'un autre côté, je me voyais obligé de traverser pendant trois jours un désert infesté de lions; je n'avais en outre aucun moyen de transporter l'eau et les provisions nécessaires pour arriver vivants chez les Loots; il me fallut donc céder devant toutes ces considérations et me résigner à reprendre le chemin de nos barques.

Les habitants du village hospitalier m'accompagnèrent jusqu'aux deux tiers de ma route, et en me séparant d'eux je leur distribuai le reste de mes verroteries. Nous nous quittâmes donc bons amis; eux restèrent persuadés qu'ils n'avaient rien à craindre des blancs, et moi j'avais affermi encore la conviction où je suis, qu'avec les mille services que nous pourrions rendre aux nègres, en leur enseignant la culture, le commerce, la médecine, le maniement des armes à feu, on s'en ferait des amis dévoués, et on trouverait de nombreux avantages.

De retour à nos barques, nous résolûmes, mon associé et moi, de remonter le Nil; nos marins reçurent la communication de ce projet avec des murmures et un mécontentement qui s'exaltèrent pendant la nuit et éclatèrent enfin en révolte ouverte.

D'abord, ces rebelles serviteurs voulurent s'emparer de ma barque et de mes armes pendant mon sommeil, et abandonner mon associé à la place où il s'était amarré ; puis ils comptaient alors partir immédiatement pour rejoindre l'expédition turque, après m'avoir mis hors d'état de sévir contre eux. Il faut croire qu'un bon sentiment empêcha l'exécution de ces projets, car ils se contentèrent de prendre leurs effets et de s'en aller par terre à l'endroit où ils supposaient que les barques turques étaient amarrées.

Lorque je me réveillai, au matin, j'aperçus mes marins qui s'engageaient dans le marais que nous avions traversé la veille. Mes tentatives pour les ramener à leur devoir furent sans résultat ; mais comptant bien qu'ils ne retrouveraient pas les barques turques ou qu'ils se lasseraient de leur voyage aquatique, je fis, avec l'aide de quelques domestiques qui m'étaient restés fidèles, mettre nos barques à l'ancre au milieu du canal.

Ma petite vengeance réussit pleinement; mes rebelles revinrent en effet au bout d'une demi-heure, essoufflés et penauds, car ma manœuvre les mettait complétement à ma merci, Je pouvais les laisser où ils étaient, comme ils avaient voulu le faire pour nous; mais en songeant que la peur avait été le mobile de leur fuite, je dus les plaindre, et les réintégrai bientôt au milieu de nous, à l'exception du capitaine et des autres chefs de la révolte, auxquels je voulus donner une leçon en les laissant à terre pendant quelques jours à se défendre contre les moustiques.

Les moins mutins de la troupe reçurent l'autorisation de venir me trouver à la nage; quand j'eus assez de monde à bord pour exécuter les manœuvres, je passai dans la barque de mon compagnon, qui était amarrée derrière la mienne, afin de délibérer sur le parti à prendre. Ce mouvement fit croire à ceux que j'avais laissés à terre que nous allions les abandonner tout à fait et partir, ce qui équivalait pour eux à une condamnation à mort. Ils se jetèrent aussitôt dans le Nil, nageant en désespérés, et arrivèrent à mon bord en même temps que moi.

Il y eut alors un moment de confusion inexprimable ; il m'était aussi impossible d'être le maître qu'à eux d'être rebelles, et il fallut bien céder à la majorité qui rentra dans le devoir, soumise, mais je n'ose dire repentante.

La paix accordée et les conventions arrêtées de part et d'autre, nous nous rendîmes à terre pour nous préparer à remonter le fleuve ; mais là, une scène dramatique nous attendait encore. Elle fut amenée par l'imprudence de mon associé auquel j'avais envoyé deux marins pour aider, lui et ses domestiques, à lever l'ancre et à venir me rejoindre; au moment où ces deux hommes se présentaient à la proue, mon compagnon leur tira, à bout portant, deux coups de pistolet qui, heureusement, ne les atteignirent pas. Sans cet heureux hasard, il est évident que, me trouvant sans armes et sans défense au milieu des camarades des blessés, ils n'eussent pas manqué de me faire un mauvais parti et de se venger sur moi de ce qu'ils appelaient, à bon droit, une trahison.

Aujourd'hui encore, je ne puis m'expliquer la cause de la brutalité de mon associé; il était d'autant moins excusable, qu'il avait assisté aux luttes que j'avais soutenues depuis deux jours, et il aurait dû, au lieu d'aggraver notre situation, m'aider à en sortir; il avait entendu l'ordre que j'avais donné aux deux marins de le rejoindre, il savait très-bien pourquoi ces hommes cherchaient à l'aborder; rien ne justifiait donc son acte arbitraire et coupable, qu'il prône pourtant partout comme un acte de courage.

Il résulta de cet accident, que je dus lutter pendant plus de deux jours encore pour décider mon équipage à servir cette barque où personne ne voulait plus mettre le pied. Il fallut que mon associé fit beaucoup de concessions, pour ne pas dire plus, afin de se réconcilier avec mes hommes.

Ce second voyage, commencé sous d'aussi mauvais auspices, eut pourtant deux résultats favorables; il nous procura quelques quintaux d'ivoire, et nos gens acquirent la conviction qu'on pouvait facilement s'aventurer sur le Nil, voguer vers les peuplades les plus éloignées sans être accompagné par les troupes, ce qui les amena, l'année suivante, à faire un autre voyage sous mes ordres, malgré les menaces et les intrigues des agents du gouvernement.

Cette conviction, si tout le monde la partageait, augmenterait considérablement le commerce de l'Égypte. J'ai contribué puissamment, je crois, à l'étendre dans ces régions, aussi bien que j'ai cherché à rendre libre la navigation du Nil.

Grâce à l'active protection que m'ont accordée M. le vice-consul d'Autriche et M. le consul général de Sardaigne, aidés des représentants des autres puissances, le commerce et la navigation sont libres depuis deux ans ; cette liberté ne s'est point acquise sans peine, comme on peut en juger par ce que j'ai dû employer de ruse et de résistance pour y arriver.

En effet, Abd-el-Latif-Pacha qui, devant mon défi, avait dû renoncer à nous traiter comme ses rayas, avait juré, par tous les saints de son paradis, qu'aucune barque européenne ne se montrerait plus sur le fleuve Blanc, dont il voulait, comme ses prédécesseurs, s'arroger le monopole d'exploitation. Forcé de renoncer à ce projet, il forma une association dirigée par lui ; il fit signer à ses rayas, aux Syriens, aux Grecs protégés et même à des Européens, un acte dans lequel il se réservait le tiers du produit des expéditions. Puis il me signifia de souscrire à cette condition, sous peine de me voir exclu des avantages qu'elle offrait et privé de la navigation du fleuve Blanc.

Je protestai et lui signifiai à mon tour que j'entendais profiter de la liberté du commerce et de la navigation. Il répliqua par des menaces, jurant qu'il ferait traiter don Angelo, resté chez les Berry, de manière à ôter l'envie d'aller le rejoindre et de l'imiter.

Par une lettre du 13 chaban 1851, il déclare ouvertement ne répondre ni de nous ni de nos biens, si nous réussissons à tromper sa vigilance et à enfreindre ses ordres. Il semble approuver, dans cet écrit, l'acte de piraterie inqualifiable dont j'ai été victime, en 1845, de la part des agents d'Ibrahim et de Caleb pachas.

Ayant appris que Abd-el-Latif faisait garder l'embouchure du fleuve, de crainte que je ne partisse la nuit, je le fis prévenir par le médir qu'en vertu de nos droits, je le ferais avertir du jour et de l'heure de mon départ, et que je ne partirais que de jour.

Le 18 novembre, M. le vice-consul d'Autriche, qui me protégeait, vint m'annoncer qu'il avait dû céder devant l'obstination et les serments du pacha, et que, pour sauver don Angelo, sujet autrichien, il avait dû consentir à ce que je ne partisse pas et à accepter la barque que le gouverneur général mettrait à la disposition de don Angelo pour le ramener, lui, mes gens et mon bien.

Je refusai de me soumettre à ces conventions pour lesquelles je n'avais pas été consulté, et demandai par écrit à M. le vice-consul si j'avais, d'après de précédentes stipulations, le droit de voyager sur le fleuve Blanc. Sur sa réponse affirmative, je lui annonçai mon départ pour le lendemain, deux heures après le lever du soleil. J'allai ensuite prévenir le médir de Carthum, après quoi j'informai M. le vice-consul que j'étais décidé à repousser la force par la force, persuadé que je serais vengé si je succombais en défendant un principe et le maintien des traités.

M. le vice-consul me défendit d'opposer aucune résistance, et me promit de m'accompagner et de me faire rendre justice si le pacha réalisait ses menaces. Nous passâmes le lendemain l'embouchure du vrai Nil, et Abd-el-Latif recula sans doute devant les conséquences de l'emploi de la force armée ; seulement, le surlendemain il fit saisir tous mes marins et les menaça de les faire pendre s'ils partaient avec nous.

Cependant le gouverneur général, après avoir reçu les remontrances de M. le vice-consul et les représentations de quelques personnages du Divan, fit ramener deux jours après les marins qu'il m'avait enlevés, et me proposa de m'associer avec lui, ce que je refusai. Il me donna alors, sans rétribution, quatre soldats pour chacune de mes barques, et son expédition suivit la nôtre un jour après notre départ.

Abd-el-Latif-Pacha ne tarda pas à être destitué, et le commerce et la navigation du vrai Nil FURENT DÉCLARÉS LIBRES par les ordres les plus formels et les plus précis de Son Altesse le vice-roi d'Égypte.

J'ai observé que les terrains marécageux qui se trouvaient entre les frontières sud des Chelouk et le 6e degré de latitude nord tendent à s'exhausser. Le lac Nau qui, en 1844, avait une lieue carrée, a presque disparu. En 1851, j'ai vu une île où nous avions jeté l'ancre; en 1844 cette île est couverte de hambadj. Le marais que j'ai traversé à Bouigo pour me rendre à Onteb, au mois de janvier 1844, était presque entièrement sec au 20 décembre 1851. S'il est vrai que la crue du Nil n'est pas toujours égale, il n'est pas moins certain que les joncs et autres plantes dont les marais sont couverts, augmentés du limon que le fleuve entraîne, doivent, avec le temps, élever les rives et créer, comme en Égypte, des barrières au Nil.

De Bouign à Aderak, on rencontre de place en place des villages assis sur des terrains élevés et entourés de marais. Tels sont ceux des Kik, des Thuit et des Eliab.

Vers le 6e degré de latitude nord commence le pays des Chir, chez lesquels nous prenions des drogmans. Ce peuple est des plus favorisés, quant au sol qu'il occupe ; il est renfermé dans un groupe d'îles de huit à neuf lieues de largeur et de trente lieues environ de longueur. Ces îles sont divisées dans leur longueur par trois branches principales, qui communiquent entre elles par des canaux également navigables qui font ressembler cette contrée à un jardin entouré de fossés. Les canaux servent de défense naturelle aux habitants des îles contre les Bhor, leurs voisins et leurs ennemis de l'est, et contre les Tiban, les Eliops, les Youts et les Eliens, dont les villages sont cachés au milieu des forêts de doum, d'hyglyk, de tamariniers et d'ébéniers qui viennent projeter leurs ombres sur le canal de l'ouest. Plusieurs de ces îles sont couvertes de bons pâturages; les autres de dourah, de sésame, de pois, de haricots, de courges, etc.

Le fleuve semble s'être multiplié pour les rendre les plus fertiles du monde; avec quelques travaux d'irrigation, elles pourraient être converties en excellentes rizières. Sur quelques-unes, on pourrait cultiver la canne à sucre et divers produits de l'Inde.

Ce fut dans un des canaux de cet archipel que, en 1845, les agents d'Ibrahim-Pacha et du gouverneur général nous ont rejoints, et qu'après avoir cheminé paisiblement pendant quelques lieues avec nous, ils m'assaillirent tout à coup sans que j'aie pu me douter de leur projet, s'emparèrent de ma barque et me firent subir mille avanies, m'injurièrent et me forcèrent de rebrousser chemin jusque près des frontières des Chelouk. Non contents de cela, ils s'emparèrent de l'ivoire que j'avais acheté et maltraitèrent les nègres qui voulaient nous approcher.

Ces faits sont attestés et prouvés par des pièces irrécusables, légalisées par le tribunal de la justice mahométane de Carthum.

Au delà des Chir est la grande tribu des Bary, dont les possessions s'étendent jusque vers le 3e degré de latitude nord. Bellénia, à cinq ou six lieues nord de l'île Janfer, vers le 4e degré de latitude (terme de l'expédition de M. d'Arnaud), est la capitale d'un des principaux districts de cette tribu.

Cette ville est située à quatre ou cinq lieues de la rive droite sur laquelle sont espacés les villages de la fraction des Mardjou, voisins de peuplades riches en ivoire. Ces parages sont devenus pour moi le centre d'un commerce qui s'agrandit chaque année, grâce à l'activité incessante d'un ami que j'y ai acquis lors de mon premier voyage, en 1844 ; voici dans quelles circonstances.

Le peu de durée de la saison sèche ne nous permettait pas un séjour assez long pour nous mettre à même d'établir des relations avec les tribus voisines, d'où les Bary tiraient l'ivoire qu'ils nous vendaient. Je cherchai donc à me créer chez eux des relations, des amis influents, actifs, intéressés, qui pussent nous servir d'intermédiaires ou de courtiers auprès des peuplades de l'intérieur, ou bien de protecteurs zélés pour les gens que je pourrais laisser dans le pays pour continuer mes achats jusqu'au retour de mes barques.

Le frère du roi de Bellénia, nommé Niguello, me parut réunir les qualités qui me semblaient nécessaires à mes projets. Nous fîmes bientôt connaissance, et notre familiarité devint telle qu'il fut mon commensal, me servit de cicerone avec tant d'entrain et de bon vouloir, que je ne puis que me louer de l'avoir connu.

Bientôt nous fûmes si intimes qu'après s'être

assuré que ma barque n'était pas une maison détachée de la rive par l'inondation, et entraînée par le fleuve, mais bien une construction en bois, à laquelle nous avions donné des ailes pour la faire aller où nous voulions, il vint s'y établir avec deux de ses femmes et quelques domestiques, et ne voulut plus la quitter. « Je m'abandonne à vous, me disait-il, je veux connaître le pays qui produit les fruits et les boissons dont vous m'avez fait goûter; je veux voir fabriquer les étoffes et les autres objets que j'ai admirés chez vous, et qui prouvent que vous êtes des gens bien supérieurs à nous, qui ne savons rien produire de pareil. Vous me donnerez de tout cela, et je reviendrai riche et puissant dans mon pays, soit avec vous, si vous le voulez, soit avec les gens que vous me confierez pour acheter de l'ivoire. »

Ces propositions étaient trop favorables à mes desseins pour les refuser; j'emmenai Niguello et les siens, mais cette famille à mon bord excita la jalousie et peut-être la cupidité des chefs de l'expédition turque avec laquelle nous avions été forcés de faire la plus grande partie de notre voyage. Mon ami me fut donc réclamé comme sujet du vice-roi d'Egypte, et il dut passer avec sa suite à bord des bateaux du gouvernement.

C'est à grand'peine que j'ai pu obtenir à Carthum que Niguello et son entourage, dont j'étais responsable, pussent vivre en liberté et fussent renvoyés l'année suivante dans leur pays.

Les déceptions que ces voyageurs éprouvèrent pendant leur séjour forcé chez les Turcs furent nombreuses; pour les éloigner de nous, on les avait relégués à Auled-Medinet, où on les a souvent laissé manquer de tout. Malgré cela, Niguello est devenu, dans sa tribu, le facteur des blancs, qui ont toujours trouvé chez lui une grande quantité d'ivoire. Il est surtout l'ami des *Francs*, qu'il a appris à distinguer des Turcs, dont il connaît la mauvaise foi. Avec les cadeaux que nous lui avions faits, il a pu prendre à son retour beaucoup de femmes, circonstance qui a vivement excité sa reconnaissance; aujourd'hui il en a vingt-deux. Les récits qu'il a faits des merveilles qu'il avait vues dans la grande ville de Carthum ont tellement impressionné ses compatriotes, que beaucoup d'entre eux ont voulu voir la *ville des Mille et une nuits*, dont les boutiques sont pleines de verroteries et de toiles de toutes les couleurs; dont les habitants voyagent *montés sur des zèbres* (ânes et chevaux) et *sur des girafes* (chameaux). On voit que ne connaissant pas nos bêtes de somme, ils leur donnaient le nom des animaux sauvages qui leur ressemblaient le plus.

Malheureusement, ces voyageurs ingénus, qu'on aurait dû bien accueillir et charger de verroteries qu'ils venaient chercher de si loin, furent vendus ou faits soldats à leur arrivée à Carthum. Excepté un que j'ai racheté, aucun de ces malheureux n'a pu revoir son pays.

Si l'on eût traité ces premiers touristes comme on aurait dû le faire dans l'intérêt des blancs, ils seraient devenus pour ceux-ci des interprètes, des commis gratuits qui auraient recueilli, pendant la saison des pluies, les dents d'éléphants que nous allons chercher à l'époque des vents du nord. En outre, ils se seraient imbus, plus ou moins, des idées des blancs; les présents qu'ils en auraient reçus eussent contribué à les rendre confiants, ils auraient eu de nombreux imitateurs qui seraient retournés chez eux, sujets de l'Égypte et propagateurs de la civilisation. Les Turcs ayant agi tout autrement, ils passent aujourd'hui pour des espèces d'anthropophages parmi ces peuplades, qui les avaient cru d'abord *enfants du ciel*, et accueillis comme tels.

C'est pourtant au voyage de Niguello que nous devons d'avoir pu faire l'essai d'un premier établissement de commerce et fonder une mission catholique à Gondokoro. Cet événement ne s'accomplit pas sans difficultés, et comme don Angelo, dont j'ai parlé plusieurs fois, y contribua et souffrit beaucoup, je crois devoir relater les faits :

En 1846, la propagande catholique autrichienne voulant former un établissement sur le fleuve Blanc, envoya à cet effet le père Rhillo, ce même jésuite qui avait aidé les Maronites à se soulever contre les troupes d'Ibrahim-Pacha. Il était suivi de quatre missionnaires et avait reçu quatre-vingt mille francs de la propagande. Il mourut de la dyssenterie quelques mois après son arrivée à Carthum.

Au bout de deux ans il ne restait plus de cette mission qu'un jardin et une maison, abandonnés par la propagande, qui ne voulait plus faire d'autres sacrifices. Les missionnaires restants se trouvaient réduits aux abois, lorsque don Ignatio Knoblecher, leur chef, vint me prier de mettre à sa disposition la barque que j'envoyais sur le fleuve Blanc, afin, disait-il, de faire voir à ses supérieurs l'utilité de la mission. Je lui donnai la barque et la moitié du produit qu'elle rapporterait; il partit à la tête de l'expédition de Caled-Pacha, avec lequel j'avais fait des conventions. Après avoir fait un voyage assez accidenté, don Ignatio revint, et avec sa part de butin il put laisser quelque argent à ses collègues et faire son voyage en Europe.

Il obtint alors de l'Autriche les fonds nécessaires pour établir honorablement sa communauté sur le vrai Nil. Dernièrement, il a fait bâtir sur ou près du terrain que j'avais acheté l'an passé à Gondokoro, une maison, une forteresse, défendues par quelques canons et une cinquantaine de fusils. Il a exécuté ainsi le projet que nous avions formé, don Angelo et moi, pendant que don Ignatio se trouvait en Europe.

Don Angelo Vinco, son confrère, vint me confier qu'il était résolu à s'établir chez les Bary si je pouvais lui en fournir les moyens; je lui donnai deux barques, des serviteurs pour rester avec lui, et tout ce qui était nécessaire à sa mission et à l'établissement d'un comptoir que je voulais fonder chez Niguello. Don Angelo ne put partir que très-tard, après que nous eûmes employé toutes sortes de précautions pour mettre en défaut la surveillance d'Abd-el-Latif-Pacha, le grand ennemi des Européens.

Il demeura à Bellénia, ainsi que cinq de ses gens, chez Niguello, le seul qui consentît à le recevoir et à passer sur les préjugés que les nègres ont contre les blancs, qu'ils regardent comme des sorciers. Gothiouk, chef de Ferichat, lui refusa l'hospitalité, sous prétexte que la graine que les Turcs lui avaient donnée avait *tué* la semence indigène. Il faut dire aussi que l'hospitalité de Niguello n'était pas sans avoir un motif intéressé; il a partagé nos approvisionnements, et il a augmenté par notre présence son influence et son pouvoir. Il a même souvent mis ses hôtes en danger, en exploitant habilement la crainte que ses ennemis et ses voisins avaient de nos armes à feu.

A l'insu de don Angelo, il a plusieurs fois envoyé menacer les rois de Lyria et de Lokaya d'incendier leurs villages avec les *maîtres du tonnerre*, ses hôtes, s'ils ne lui rendaient pas les vaches qu'ils lui avaient volées. Excités par ces bravades, ces princes ont plusieurs fois envoyé des émissaires pour assassiner don Angelo.

Ayant appris que ce prêtre devait aller chez les Bary, le roi de Lyria a envoyé plus de cinq cents hommes en embuscade sur le bord d'un étang où don Angelo devait faire de l'eau, et passer la nuit, selon toute probabilité. Heureusement, après avoir fait sa provision, ce voyageur passa outre pour profiter de la fraîcheur de la nuit. Les assassins s'avancèrent, la lance à la main, vers le lieu où ils supposaient don Angelo endormi ; mais, quelque précaution qu'ils prissent pour cacher leur marche, ils éveillèrent des pintades qui s'étaient perchées sur les arbres le long desquels ils se glissaient. Le bruit que firent ces oiseaux en prenant leur vol épouvanta tellement les meurtriers, que, se croyant aux prises avec don Angelo, ou avec son esprit, ils perdirent la tête de frayeur, et jetant leurs lances au hasard, ils tuèrent six d'entre eux. A leur retour, ils attribuèrent à une toute autre cause qu'à leur panique la mort de leurs compagnons, et firent un tel récit de leur prétendue bataille, que le roi de Lyria renonça pour toujours à poursuivre un esprit, un démon, un dieu, contre lequel ses armes ne pouvaient rien. Don Angelo sut tirer parti de ces événements qu'il apprit, si bien que depuis lors, les rois des environs sont devenus ses amis, lui ont envoyé des présents, et l'ont invité à venir chez eux.

Lorian, frère du roi dont nous venons de parler, ayant appris l'arrivée de nos barques, est venu nous voir quelques jours avant notre départ, malgré les hostilités qui existaient entre eux et les Bary depuis que nos missionnaires avaient quitté Bellénia. Il m'a apporté six belles dents d'éléphant, et en retour, je lui ai fait quelques présents qui l'ont rendu si joyeux, qu'il m'a promis de revenir dans dix jours avec d'autres dents. Avant de nous quitter, il m'a demandé un talisman qui pût le protéger contre les lances de ses ennemis. Pour me débarrasser de ses importunités, il fallut céder, et je lui écrivis quelques mots sur un papier. Comme il est retourné sain et sauf, je ne doute pas que mon talisman ne soit à ses yeux d'une grande valeur.

Les habitants de Bellénia vinrent un jour prier don Angelo de tuer un lion qui avait dévoré trois de leurs enfants et faisait chaque jour des victimes parmi leurs bestiaux. Don Angelo, de peur de compromettre sa puissance, n'osa refuser cette périlleuse commission. Il envoya deux de ses meilleurs chasseurs en disant que ce n'était pas la peine qu'il se dérangeât, lui, pour une chasse si facile. Ses serviteurs allèrent à la rencontre du lion, et armés de manière à réparer un échec s'il avait lieu. Ils étaient suivis de trois ou quatre mille curieux intéressés qui restèrent à distance aux approches de la lutte. Le lion étant tombé sous le deuxième coup de fusil, les naturels se précipitèrent sur son corps, le mirent en pièces, et ayant ramassé du bois sec, ils le brûlèrent et en jetèrent les cendres au vent, selon leur usage. Ils croient que lorsqu'un des leurs a été dévoré par un lion, il ressuscite avec la forme de l'animal dont il a été victime. Par sa patience, sa charité évangélique et les services qu'il leur rendait, don Angelo s'était attiré toutes les sympathies des nègres

Par ses voyages, il a augmenté nos relations avec les tribus riches en ivoire. Le port de Mardjon, qui, en 1844, n'a négocié que quelques dents d'éléphants, fournit actuellement par année plus de 350 à 400 quintaux d'ivoire; c'est le double de ce qu'on peut recueillir chez les autres peuplades situées au nord.

La quantité d'ivoire que j'ai remportée en 1851 et 1852, qui témoignait du succès de notre entreprise, excita l'envie de quelques individus qui, ne se sentant pas le courage de partager nos périls et nos travaux, dénigrent ceux qui ne leur ressemblent pas. On parla de don Angelo dans des termes de mépris; on alla même jusqu'à calomnier les mœurs de cet honorable missionnaire. Son supérieur fit part de ces bruits en l'invitant à revenir à Carthum pour laisser tomber la malveillance. Don Angelo se disposait à se rendre chez les Kuenda, lorsqu'il reçut cet avis; il partit aussitôt; mais son retour à Carthum fut le signal de nouvelles hostilités. Il y trouva les mêmes ennemis, et de quelque côté qu'il se tournât, il était accueilli par les sarcasmes et les plaisanteries les plus inconvenantes. M. le proconsul de Sardaigne fut un des plus acharnés contre lui, parce que Angelo n'avait pas voulu lui livrer ses notes.

Ces raisons déterminèrent ce prêtre à cesser toute relation avec les Européens. Cet homme de cœur n'eut pas de peine à se justifier pleinement de toute accusation auprès de son supérieur don Ignatio Knoblecher, et il profita du départ de la plus prochaine expédition pour retourner parmi les sauvages, puisque ceux-ci l'accueillaient mieux que ses compatriotes. Malheureusement, les chagrins, les fatigues, les déceptions avaient altéré sourdement sa santé; de nouveaux désagréments, suscités par les intrigues et les insolences de deux Syriens protégés par l'Autriche, le mirent bientôt aux portes du tombeau, et au mois de février il mourut à Mardjou, chez les

Bary. Sa mort fut pour ce peuple un deuil universel; pendant plus de huit jours, trois à quatre mille personnes venaient pleurer et sacrifier des bœufs sur sa tombe.

Toute dissension s'efface devant la mort; le respect que témoignaient les sauvages pour la mémoire de don Angelo fit honte à ses détracteurs, et M. le proconsul de Sardaigne, chez lequel l'amour du gain n'avait pas encore éteint tout bon sentiment, avoua ses torts à don Ignatio et demanda, sur la tombe qu'il avait aidé à creuser, un pardon qu'il était sûr d'obtenir d'un saint.

Toute la colonie européenne assista au service funéraire qui fut célébré à Carthum pour le repos de l'âme de don Angelo, dont on exaltait alors les mérites. M. le docteur Mure fit, en très-beaux vers, le panégyrique du premier martyr de la civilisation sur le fleuve Blanc.

Je reviens à la capitale du principal district de la tribu des Berry, que j'ai quitté pour rendre hommage à la mémoire de don Angelo.

Bellénia a presque toujours été le terme des expéditions turques ; jusqu'en 1850, M. d'Arnaud n'a pas dépassé l'île de Jaufer ou Guba, 4° 40' de latitude, à 5 ou 6 lieues au sud de Bellénia. Don Ignatio Knoblecher qui, en 1848 a fait, avec ma barque, un voyage qui a été publié, a pénétré jusqu'à la montagne de Loupouck, qu'il place sous le 4e degré de latitude nord.

Au delà de cette montagne on rencontre de nouvelles cataractes ; le Nil s'élargit sur un plateau parsemé d'écueils, et l'eau manque souvent aux barques les plus légères, qui touchent le fond à chaque instant. Le fleuve fait ensuite un coude de 12 lieues à l'ouest-sud-ouest.

Sur la rive droite sont les derniers villages des Bary, et sur la gauche, ceux des Wang-Ara.

M. Ulivi a fait une partie de cette route sur un bateau portant huit rameurs ; arrivé au village Garbo, dont les maisons sont bâties en terre et couvertes de chaume, il a été arrêté par une cataracte qu'il n'a pu franchir; cette cataracte est formée par une lisière de rochers entre lesquels le Nil s'échappe en écumant.

Quelques-uns de ces rochers forment des îlots couverts de joncs; ils sont dominés par une haute montagne boisée, d'où l'œil peut suivre les sinuosités que fait le Nil à travers le pays accidenté et souvent pittoresque que présente l'horizon. Tantôt on le voit disparaître derrière une montagne dont il semble miner la base, tantôt il forme comme un ruban bleu entre les forêts et les villages échelonnés sur ses rives.

Je suppose que la cataracte qui a arrêté la marche de M. Ulivi est vers le 3e degré de latitude nord, et qu'elle ne pourrait être franchie qu'à l'époque des crues; mais on serait alors obligé, à cause des vents du sud, de remorquer les barques, de s'exposer aux ouragans qui règnent dans cette saison et de servir de but aux flèches des riverains.

De cette cataracte le Nil coule au S.-E. Sur ses deux rives sont situés les nombreux villages des Makédo. La plupart de leurs maisons sont bâties en terre ou en briques crues, comme celles qu'on emploie au Sennar.

On ne rencontre les montagnes de Combirad que 12 journées plus loin; voici l'itinéraire de ce trajet :

	Journées de marche.	Direction.
On suit les possessions des Makedo pendant	2	
Cette tribu, que je suppose gallah, n'a pas l'usage de s'arracher les dents incisives de la mâchoire inférieure, comme le font les riverains du nord.		
Après eux viennent les Méroulys sur la rive droite, et les Koukous sur la rive gauche : on suit leurs possessions pendant	1	Sud-est.
Après les Méroulys viennent les Hougoufi sur la rive droite, et les Madi sur la rive gauche.	1	Sud.
Le fleuve est tellement resserré entre les montagnes habitées par ces peuples, qu'on le traverse sur un tronc d'arbre jeté d'une rive à l'autre.		
Plus au sud sont les Bido; on longe leurs habitations pendant	5	
A l'est de cette tribu sont les sauvages Faggelou et les Schokkos, chez lesquels les Kuendas et les Berry se		
A reporter.........	9 journées.	

	Journées de marche.	Direction.
Report.............	9	
rencontrent pour acheter de l'ivoire que les uns revendent aux marchands étrangers qui viennent des côtes de l'Océan, et que les autres cèdent aux Européens.		
De Lokka, un des derniers villages Bido, à Robenga, capitale des Kuendas.	1	Sud-est.
De Robenga aux montagnes de Kombirat.	2	Sud.
Total des journées de marche de Makedo aux monts de Kombirad.	12 journées.	

En comptant 10 heures ou lieues par jour, par suite des contours que fait le fleuve.

Le pays situé à l'est du fleuve est coupé, traversé par des montagnes dont la plupart portent le nom des tribus qui les habitent, tels que les Liria-Lokaya, voisins des Berry, les Fadjilou, les Laondi, etc. Plus au sud de Robenga, on voit se dessiner, dans un horizon de deux jours, les hautes montagnes de Kombirad que je suppose au moins sur l'équateur. De leur flanc droit descendent deux torrents qui viennent se réunir à Lokaya, village situé à une lieue sud de Robenga. Au delà de cette jonction ils ne forment plus qu'une petite rivière, un bras, qui, au dire des Berry, viendrait d'autres montagnes très-élevées existant au delà des Padongos, autre peuple que l'on rencontre au sud de Kombirat.

Les Padongos ont le teint olivâtre comme celui des Kuendas ; ils parlent la même langue et se vêtissent, comme eux, de peaux de mouton, ou de celles d'autres animaux qu'ils chassent.

A l'ouest des Padongos se trouve, au dire des Kuendas, un grand lac, duquel sort un fleuve dont ils ne connaissent pas le cours. Plus loin, disent-ils, habitent des blancs ayant des maisons en pierre, et paraissant avoir une civilisation plus avancée que celle des autres nations de l'Afrique centrale. Des découvertes futures nous apprendront peut-être que ce fleuve ignoré est celui qui se joint au Misslad, à trois jours E. du lac Fitri.

J'avais envoyé en Europe un rapport sur ces diverses nations, lorsque M. Tharbun eut la bonté de me communiquer la carte d'un missionnaire anglais établi dans le Zenzibar. Ce voyageur, nommé M. Rehman, s'était avancé jusqu'au 4e degré de latitude sud, et, d'après les renseignements donnés par les naturels, il a placé la source du Nil aux monts Kœnia, situés à peu près sous la même latitude que les montagnes qui sont au sud des Padongos, où, d'après les Kuendas, je suppose être la source du Nil.

Ces renseignements me furent donnés par plusieurs personnes, entre autres par deux Berry qui avaient été envoyés, avec des présents, au roi des Kuendas, chez lequel don Angelo devait se rendre.

CARACTÈRES DISTINCTIFS DES RACES DU SOUDAN.

Plusieurs races très-distinctes habitent le Soudan, et quoique les types primitifs n'aient cessé de s'altérer, à cause des croisements qui ont eu lieu, on peut cependant les classer d'après leurs caractères spéciaux.

La race Berbère est la plus ancienne, elle faisait partie des peuples gouvernés par les Ethiopiens, et elle est issue de cette ancienne race qui a été décrite par les auteurs romains. Convertie au christianisme par saint Fulgence, elle tomba sous la domination des musulmans, vers le commencement du quatorzième siècle, après des luttes qui se prolongèrent environ deux cents ans, et qui furent marquées par des alternatives multipliées de succès et de revers. Les Berbères occupent particulièrement la province Dongolah ; la classe de négociants de couleur rouge qui habite le Darfour n'a pas d'autre origine.

On a coutume de désigner cette race comme étant de couleur rouge, mais elle est en réalité d'un jaune assez clair, offrant des nuances plus ou moins foncées, selon les régions qu'elle habite, et son mélange plus ou moins répété avec les races du sud. Les traits des Berbères sont réguliers, leurs cheveux ne sont pas crépus, et les femmes surtout sont parfois fort belles. Les nombreux dessins qui couvrent les monuments de la haute Egypte représentent sans aucun doute des individus de cette race.

Les Blémyes, qui de la plus haute antiquité ont peuplé les déserts qui avoisinent la mer Rouge, sont une variété de la race Berbère.

La race Éthiopienne a été refoulée par les invasions arabes des quatorzième et quinzième siècles entre les frontières de l'Abyssinie et les montagnes aurifères du sud habitées par les nègres idolâtres. La tribu des Noba-Anaidj appartient à cette race, qui domine vers les montagnes Gouleh au sud-ouest de Sennar, et chez laquelle on trouve encore des restes de traditions éthiopiennes.

Les Éthiopiens sont de couleur bronzée, leurs cheveux sont demi-crépus, frisés; leur nez est *moins aplati que celui des nègres*, les pommettes des joues moins saillantes. La coupe de leur visage, la forme de leur front, tous leurs traits enfin se rapprochent considérablement de la race sémitique.

La race Foundj, qui a dominé dans le Sennar environ 380 ans, c'est-à-dire jusqu'à l'époque de l'invasion égyptienne, n'était probablement, dans l'origine, qu'une grande tribu éthiopienne dont le type s'est altéré par les croisements qui ont eu lieu avec les nègres qui avoisinent les frontières. Une partie de la race des Foundj, qui s'est établie dans les villes à l'époque où elle exerçait sa domination, a subi de nombreux mélanges avec les Arabes qui sont venus habiter les mêmes localités.

Les Foundj ont la peau de couleur bronzée et présentent des nuances plus ou moins obscures; leurs cheveux sont assez courts et frisés.

La race nègre, dont on trouve un certain nombre de tribus sur les bords du fleuve Blanc, habite les montagnes Noba, au sud du Kordofan et plusieurs contrées du Darfour. Elle se distingue des nègres idolâtres proprement dits par des traits plus réguliers, qui dénotent d'anciennes relations avec les Éthiopiens; plusieurs tribus furent en effet civilisées par ces derniers.

Quant aux nègres proprement dits, c'est-à-dire ceux qui sont complétement restés à l'état sauvage et n'ont jamais été assujettis, ils ont le crâne déprimé sur les tempes, le front fuyant, le nez aplati, les cheveux laineux et crépus; leurs dents sont généralement proclives, et la couleur de leur peau est noire comme du charbon.

Somme toute, la race dominante dans le Soudan égyptien est maintenant l'Arabe sémitique, variant du rouge au cuivré; mais le mélange des races entre elles et des variétés avec les races ont produit des physionomies et des nuances de peau qui varient à l'infini.

CROYANCES ET SUPERSTITIONS DES SAUVAGES.

Le Sennar et les pays limitrophes sont encore très-peu connus. Il est probable que l'histoire de cette riche contrée, intimement liée à celle de l'Égypte, a péri dans le fameux incendie de la bibliothèque d'Alexandrie, allumé par le fanatisme d'Omar. C'est à peine si on peut en rencontrer des fragments dans quelques anciens historiens égyptiens et grecs; le peu qu'on pourrait savoir se trouve dans les relations, plus modernes, de quelques voyageurs arabes du moyen âge, tels que Selim-el-Assouanly, Macrèzy et Aly-d'Edfou ; malgré mes recherches, je n'ai pu trouver, après cela, qu'un manuscrit très-incomplet et ne datant que du règne des Fondj.

M. Caillaud, qui a suivi l'armée conquérante d'Ismaïl-Pacha, n'a connu que les pays riverains du fleuve Bleu, et les voyageurs qui l'ont suivi depuis ne se sont pas assez familiarisés avec les diverses tribus qui occupent le vaste territoire du Soudan égyptien, pour recueillir les traditions primitives du paganisme qui sont restées mêlées aux pratiques des religions nouvelles.

Le christianisme, enseigné dès les premiers siècles de notre ère par l'eunuque saint Fulgence, sacré évêque par saint Athanase, est la religion qui a laissé le moins de traces. Elle fut facilement remplacée vers les treizième et quatorzième siècles par le mahométisme, dont la morale plus indulgente et les dogmes simples se trouvèrent plus en harmonie avec le climat et les habitudes de ces contrées.

Il existe encore au Sennar et dans les pays voisins diverses croyances, divers usages et fêtes dont on ne peut expliquer l'origine qu'en remontant bien au delà de l'établissement des religions modernes. Ces usages paraissent être restés sur le sol comme les anciennes racines qui, bravant le travail des nouveaux colons, viennent à croître au milieu des nouvelles cultures.

Les religions des diverses tribus riveraines du Nil se composent de croyances et de superstitions les plus ridicules, parmi lesquelles pourtant on retrouve des vestiges des traditions éthiopiennes, telles qu'il en subsiste encore chez divers peuples du Sennar.

Je ne doute pas que les hautes rives du fleuve Blanc n'aient été connues à Méroé, alors que cette capitale florissait et que son commerce et son influence s'étendaient jusque vers le bassin du Niger.

Le peuple Nouer est celui qui a conservé le plus de traditions éthiopiennes; les rapprochements qui existent entre leur langage et celui que parlent les Éthiopiens des montagnes Gouleh, à l'ouest du Sennar, porteraient à croire que cette tribu était enclavée autrefois dans le gouvernement de Méroé, et qu'elle était dispersée dans les steppes qu'occupent les Denka et les Arabes d'Abou-Rof, entre les monts Tefafan et

Emahia et les environs de Giabeh-Maia, situés à quelques lieues O. de Sennar.

Les Nouer ne reconnaissent qu'un seul Dieu, qu'ils appellent Néar. Le chef du culte, appelé Dowa, est une sorte de pape pour lequel on professe une vénération extrême, voisine de l'adoration. Les Nouer s'imaginent qu'il est non-seulement inaccessible aux besoins de la nature humaine, comme par exemple à la faim, mais encore ils le croient immortel; aussi lorsque sa mort arrive, elle est soigneusement cachée par ses disciples, ou prêtres auxiliaires, dont le plus âgé le remplace. . . . . . .

Sa demeure est entourée de palissades et inaccessible à tout autre qu'à ses disciples et aux rois ou chefs guerriers. S'il voyage, on le transporte sur un brancard couvert de feuillage.

Rien ne se fait dans la tribu sans qu'il soit

consulté; il passe sa vie, disent ses ouailles, à communiquer avec les esprits qui dominent ce monde et à enseigner à ses disciples l'art de la divination, la médecine et la connaissance des simples. Lorsque la guerre est décidée, il envoie quelques disciples pour maudire les ennemis; après leurs malédictions, ces Balaams jettent trois dards au delà des frontières du pays qu'on veut dévaster.

Les Nouer jeûnent pendant le mois Ouich, qui correspond au solstice d'hiver; ils ne mangent absolument rien pendant ce carême, mais ils peuvent boire; ils s'abstiennent volontairement de viande, de lait, et ne consomment que du poisson et des fruits sauvages. Pendant les premiers jours du mois qui suit celui du jeûne, ils célèbrent des fêtes et des réjouissances générales.

Chaque soir, à l'approche de la nuit, les Nouer adressent des prières au ciel et aux esprits qui président aux éléments.

Pour les affaires ordinaires de la vie, ils vont consulter des vieilles femmes qui leur prédisent le résultat qu'ils désirent connaître, au moyen de grains de dourah qu'elles agitent dans un vase et répandent à terre.

Plusieurs faquirs du Sennar, ainsi que les codjours ou jongleurs du Nil, ne sont que des imposteurs accrédités qui s'attribuent le pouvoir de donner ou d'ôter les maléfices, d'empêcher ou de faire tomber la pluie. Sélim l'assouanli racontait au treizième siècle que les habitants d'Aloa n'avaient qu'à semer leurs grains, et que les esprits envoyés par les hiérophantes faisaient le reste du travail pendant la nuit, pourvu qu'on ait la précaution de laisser dans les champs quelques vases de merisse (bière). Après cela les gens d'Alloa n'avaient plus que la peine de récolter.

En 1846, il y eut au pays de Gouleh, appartenant à Scheik-Idris-Adlan, une épidémie qui tua en quelques jours plus de 3,000 personnes; le faquir le plus renommé par son influence et par ses rapports avec les esprits et les démons, fut d'abord prié et payé pour conjurer et chasser ceux qui tuaient tant de monde. Son intervention ayant été inutile, il fut menacé, puis mis à mort; après quoi tous les hommes sortirent avec leurs lances qu'ils jetaient à tort et à travers dans le vide, croyant atteindre les méchants esprits exterminateurs.

Le pays de Gouleh est habité par les anciens

Ethiopiens; la religion mahométane y est très-peu pratiquée; le chef est le petit-fils de ce fameux Mahommed-Abou-el-Keili, qui fut le Capet des derniers rois fainéants du Sennar.

Les codjours et les roitelets du fleuve Blanc n'ont de l'influence dans une tribu qu'autant qu'ils sont crus sorciers, et ayant la puissance de faire tomber ou de retenir les pluies. Quand elles tardent à tomber et que les pâturages commencent à manquer, chaque chef de famille doit porter un bœuf ou une vache au sorcier pour attirer par cette offrande l'eau du ciel. Si le temps reste sec, on s'assemble pour réclamer de nouveau la pluie aux sorciers, et enfin si elle ne vient pas, on ouvre le ventre de ces malheureux, qui sont censés contenir les orages. C'est ainsi que mourut en 1850 le roi d'Yapour, pays situé entre Bellénia et Férichah. En 1849, Choba, roi des

Bary, fut obligé de se cacher pour éviter un sort semblable.

Don Angelo fut un jour invité par les habitants de Bellénia à les accompagner chez leur roi Choba, pour lui demander la pluie. Comme saint Paul, il se mêla à cette assemblée pour prêcher le Dieu inconnu, le véritable dispensateur des eaux du ciel. Tous l'écoutèrent et parurent approuver ses discours, le roi Choba comme les autres; et si, aprés son sermon, la pluie fût tombée, les convertis auraient été nombreux; mais, comme le temps resta sec, que les bestiaux manquaient de pâturages, et par suite ne donnaient point de lait, les Bary retournèrent à leur roi quelques jours aprés. Celui-ci dut justifier la confiance qu'on avait en lui, et à cet effet il mit de l'eau dans une clochette que lui avait donnée Sélim, capitaine, chef des premières expéditions turques ; puis il répandit cette eau en présence de son peuple assemblé en prédisant l'orage pour le lendemain. Le hasard ayant justifié cette prédiction, le ventre du roi Choba fut respecté, et don Angelo en fut pour ses frais de logique.

Il peut paraître étonnant à ceux de mes lecteurs qui n'ont pas vu les troupeaux des nègres, que pour être complétement digne des honneurs de la royauté, il faille promettre de la pluie dans un pays où elle tombe régulièrement pendant huit à neuf mois de l'année. Les troupeaux sont si nombreux qu'en moins de deux mois tous les pâturages sont broutés ou foulés sous les pieds des bestiaux ; les herbes, que le soleil brûle en deux semaines, sont de la famille des joncs, et peu nourissantes. Au mois de mars, les animaux dépérissent et ne donnent plus la quantité de lait nécessaire à l'alimentation de leurs maîtres, qui n'ont guère d'autre nourriture. Les bestiaux sont l'unique richesse de ces peuples pasteurs; celui qui n'a pas assez de vaches pour nourrir une famille, ne peut se marier ni prendre la parole dans les assemblées; c'est un *toumonit*, un paria. Nos verroteries sont estimées bien moins comme objet d'ornement que comme moyens d'acquérir les précieux animaux.

Les jongleurs ou kodjours prédisent encore l'avenir au moyen de cinq jetons qu'ils jettent à terre. La manière dont ces jetons se disposent en tombant décide du sort du consultant, qui doit toujours apporter une offrande proportionnée à l'importance de sa consultation.

Un de ces kodjours était parvenu à faire croire aux Héliab que son corps était moitié chair et moitié fer, conséquemment invulnérable. Cette réputation lui avait fait de nombreux admirateurs; les consultants et les bœufs lui arrivaient de quatre à cinq journées à la ronde, et malheur à celui qui aurait paru douter de sa science. Il vint à prêcher contre les expéditions turques, et comme sa parole avait un grand poids parmi ce peuple, ceux-ci le firent tuer par surprise. Les Héliab, assemblés autour de son cadavre, attendaient avec foi et tranquillité la résurrection de leur devin. Ils ne commencèrent à douter que lorsque la putréfaction de son corps les eut infectés.

On a évalué à plus de deux mille les bœufs

que cet imposteur avait extorqués, et qui furent repris à sa mort par ses dupes. Aujourd'hui, il existe à Dim un de ces jongleurs qui se tient éloigné de nos barques et prêche à ses compatriotes qu'ils deviendront nos esclaves, s'ils continuent à nous apporter de l'ivoire.

Les Bary et les autres peuplades riveraines du fleuve Blanc croient simplement à un être supérieur invisible, dont ils font descendre les esprits intermédiaires qui inspirent leurs jongleurs. Lors des premières apparitions des Européens chez eux, ils donnaient à ceux-ci la même parenté.

Voici un fragment de catéchisme de quelques Chir et Bary sur l'origine des choses.

D. Qui a créé le ciel, le soleil, la lune?

R. Nous les avons toujours vus ainsi, nous ne savons pas autre chose.

D. Qui a créé l'homme?

R. L'éléphant, le plus grand des animaux.

D. Qui a fait le fleuve le Nil?

R. Un chien.

Les autres réponses, quoique différentes, ne valent pas mieux. Don Angelo, dans ses voyages, s'est efforcé de faire connaître à ces sauvages et leurs erreurs et les principes de la religion catholique. Ils l'écoutaient avec beaucoup d'attention et d'intérêt. Ils semblaient désireux d'apprendre des choses dont on ne leur avait jamais parlé, disaient-ils.

Je crois qu'il est plus facile de convertir, quant au dogme, les enfants de la nature qui n'ont aucune croyance, que ceux dont les erreurs sont étayées sur des apparences de raison. La plus grande difficulté est peut-être de leur faire changer de mœurs. Les riverains du Nil croient à la métempsycose et à la résurrection, non pour une autre vie, mais pour reparaître dans ce monde et dans les mêmes conditions que celles de leur première existence.

Laonto, frère du roi Layon, que M. d'Arnaud a connu, et oncle du roi Choba, m'a raconté que la vue des premiers blancs ne les avait tant effrayés que parce qu'ils les avaient pris pour des revenants. Une caravane du Zenzibar, qui venait tous les deux ou trois ans par terre pour leur acheter de l'ivoire, avait été massacrée par eux il y a environ soixante et dix ans. Ils s'étaient imaginé, en voyant arriver des blancs, que c'étaient leurs victimes qui revenaient pour se venger. Lorsqu'ils tuent un lion et qu'il est notoire que cet animal a dévoré quelqu'un de la tribu, ils le brûlent jusqu'à ce qu'il soit réduit en cendres; puis ils jettent ces cendres au vent, afin, disent-ils, que la victime ne ressuscite pas avec les formes du monstre auquel elle a servi de proie.

Après les massacres commis par les premières expéditions turques, les naturels venaient souvent prier les blancs de ressusciter les morts et de guérir les blessés.

MŒURS ET COUTUMES DES SAUVAGES.

Les délibérations, les jugements se font ordinairement devant les villages à l'ombre d'un arbre; tout le monde peut y assister et donner son opinion, mais les chefs et les riches, dits *moniès*, que l'on reconnaît au bâton fourchu qu'ils portent, peuvent seuls pérorer. Tout se décidant à la majorité des voix, les influents sont ceux qui parlent le mieux ou qui disposent de plus de partisans. Les rois ou chefs eux-mêmes sont obligés de se soumettre à ces décisions populaires, et s'ils l'emportent quelquefois contre l'opinion générale, ce n'est que lorsqu'ils peuvent faire croire qu'ils sont maîtres de la pluie.

Un habitant de Bellénia vint un jour se réfugier dans ma barque dans un moment où Niguello et Choba s'y trouvaient aussi. Cet homme était accusé par les Mardjou, près desquels nous nous trouvions, de leur avoir volé des vaches, et ils voulaient le faire mourir. Le conseil s'assembla près de notre camp; l'accusé était libre au milieu de ses ennemis et de ses juges. J'observais les impressions de son âme sur son visage; tantôt il témoignait de la crainte, tantôt il manifestait une assurance pleine d'espoir, selon que les murmures ou l'approbation des assistants accueillaient la parole de Niguello et de Choba qui s'étaient chargés de sa défense.

Toutefois, malgré l'absence de preuves et l'éloquence de ses avocats, ses ennemis l'emportèrent et parvinrent à le faire condamner. Ce résultat amena un tohu-bohu général, dont Niguello parvint à dominer le tumulte en menaçant de faire brûler le village par mes équipages si la sentence était exécutée. A cet ultimatum, l'assemblée se retira en murmurant; l'accusé rentra dans ma barque et y fut respecté tout le temps qu'il y demeura; mais ayant voulu retourner dans son village quelques jours après, il fut tué sur la route ou dans la forêt. La sentence devait être respectée et on avait épié le malheureux pour qu'elle reçût son exécution.

Les nègres ne tuent jamais dans leurs villages, à cause de la croyance où ils sont que le sang répandu rendrait stériles les femmes qui le verraient, ou qu'il porterait malheur à leurs enfants. Les exécutions et les meurtres ont toujours lieu sur les routes ou dans la forêt; c'est pourquoi je conseille aux chefs d'expéditions de faire, autant que possible, leurs échanges sous les villages, et de se méfier des individus qui veulent faire arrêter les barques sur les rives désertes.

Les Nouer ne punissent guère que deux crimes : le vol et l'assassinat. On coupe le cou aux voleurs, et l'assassin est à la merci des parents de la victime. Ils ont le droit d'exiger de lui autant de vaches qu'il a de doigts aux pieds et aux mains, et même de cheveux à la tête, ce qui, on le voit, équivaut à la ruine complète du coupable...

Quand les Nouer vont en guerre, les vieilles

femmes et les vierges les suivent pour les animer et les encourager. Le roi et les siens restent ordinairement derrière les rangs pour tuer ceux qui tenteraient de s'enfuir. Le roi prélève une part du butin fait sur l'ennemi; le reste est partagé entre les combattants. Lorsqu'il meurt, c'est le dernier de ses enfants qui lui succède.

Lorsqu'une fille devient mère, on la relègue hors du camp ou du village avec les prostituées, mais ses parents adoptent son enfant pour l'employer plus tard à garder les bestiaux.

La première fois que je vis les Nouer, je les pris pour les originaux de ces groupes de nègres qui implorent la clémence de leurs vainqueurs à Ipsamboul. Peut-être ceux qu'on a représentés ainsi s'étaient-ils attiré la colère des Pharaons en massacrant les équipages des bateaux qui arrivaient chargés des richesses de Bourgou par le Misslad, ou de l'équateur par la branche sud du Nil.

Les maîtres de l'Égypte s'enorgueillissaient alors de pouvoir graver, sur des monuments éternels, des victoires qui assuraient la navigation du vrai Nil et la prospérité de l'Éthiopie.

Les Bary prennent autant de femmes qu'ils en peuvent acheter, c'est le mot, peu courtois, mais vrai ; elles coûtent de 10 à 50 vaches, selon leur beauté et leur rang. Elles deviennent ainsi une propriété dont les fils héritent et peuvent jouir à la mort de leur père, leurs mères seules exceptées.

On ne peut être *monié* (bourgeois) sans avoir au moins deux ou trois femmes, et plus on en a plus on est respecté. Elles sont un moyen de puissance, car leurs parents deviennent ordinairement partisans de l'époux ; elles restent jusqu'à leurs premières couches dans la maison de leur père, qui est obligé de les nourrir, aussi bien que leur mari, quand il lui plaît de les visiter. Ces femmes ne sont point jalouses les unes des autres et peuvent vivre entre elles, sous le même toit, en parfaite harmonie ; en revanche elles sont peu fidèles, mais les Bary les maltraitent rarement, quelle que soit leur conduite, dans la crainte d'indisposer les parents. Elles font le service de la maison et des champs ; les hommes sèment les grains et leur abandonnent le travail du sarclage et de la récolte.

Quand une fille devient mère, on la contraint à dénoncer son séducteur, qui est obligé de l'épouser s'il veut échapper à la vengeance des parents. Une fois les accords faits, les cérémonies du mariage consistent à sacrifier quelques bœufs dont les assistants se régalent ; une partie de la dot que donne le mari est distribuée aux parents de l'épousée.

On a tué dernièrement, à Bellénia, un séducteur qui s'était trouvé dans l'impossibilité de fournir les vaches exigées pour *l'achat* de son amante.

Les morts sont enterrés accroupis dans un trou creusé devant la porte de leurs demeures. Après cette inhumation, les amis et les parents viennent fouler et durcir, avec leurs pieds, la terre qui recouvre le corps du défunt, en disant : *Dio, Dio*, sur un ton lamentable. Quand la terre est bien durcie, on tue quelques bœufs dont on se régale, et tout le monde se retire.

Les pêcheurs Heliab et Kik enveloppent

Danse des Barry dans la grande fête appelée Léri.

leurs morts dans une natte et les jettent dans le fleuve.

Tous les peuples riverains du Nil aiment la danse, l'oisiveté, les amusements et la mérisse, espèce de bière faite avec du dourah fermenté.

Les danses consistent en sauts et en gambades exécutés la nuit, autour de grands feux, au son des tambours. Il y a des fêtes générales appelées *Leri*, où se réunissent quelquefois 7 à 8,000 personnes. On les fait annoncer plusieurs jours d'avance, afin de donner aux habitants des villages éloignés le temps de s'y rendre. Ce sont de véritables saturnales qui durent trois jours, et pendant lesquelles les deux sexes jouissent d'une entière liberté.

Les jaloux, du reste, perdraient leurs peines

au milieu de cette foule qui saute, se croise, s'évite ou cherche à se cacher dans les champs voisins. Ces fêtes se renouvellent plusieurs fois par an, notamment aux premières pluies et quand les vaches reviennent au village aprés avoir consommé les pâturages des forêts. On fait annoncer quelquefois aussi des réjouissances dans le but d'appeler les hommes à la guerre, dont on décide l'opportunité pendant le dernier jour de plaisir. Ces fêtes ont toujours lieu pendant la nuit; elles commencent au coucher du soleil et finissent à son lever.

La fête du Magam-Gamé avait encore lieu à Callabah, frontière de l'Abyssinie, alors que Cheik-Méry gouvernait cette province. Le nom de cette fête appartient probablement à une des anciennes langues de l'Éthiopie. Elle se célébrait autrefois vers le solstice d'été, je crois, lorsque les pléiades reparaissent à l'horizon et avant le lever du soleil.

Ce jour-là on chassait tous les animaux domestiques dans les champs; les hommes montaient leurs chevaux, leurs dromadaires, et les faisaient caracoler à travers la campagne, aux cris et roulements de voix des femmes et des filles, qui les suivaient avec des vases remplis de mérisse et des provisions qu'ils consommaient ensemble.

Comme l'époque de la fête est aussi celle de l'invasion de ce fameux taon et des mouches dites *demoiselles*, dont les piqûres tuent les bestiaux, après les réjouissances le bétail de toute sorte était immédiatement enfermé dans des cabanes, des hangars, où on le laissait pendant plus de quarante jours après en prenant toutes les précautions possibles pour le garantir des poursuites de ces insectes venimeux.

La fête annuelle de Fazolglou était précédée d'une mise en scène beaucoup plus dramatique :

La conduite des rois de Fazolglou était chaque année examinée et jugée dans un conseil tenu par les notables du pays, devant la demeure des rois.

Pendant cet examen, le roi restait assis sur le tabouret royal, au milieu de quelques hommes armés qui devaient le tuer s'il était condamné. Un peu plus loin, un chacal et un chien, symbole de la vigilance, étaient attachés à un poteau. On écoutait les plaintes, on discutait, on commentait la conduite du chef pendant son année de puissance, et, selon ses torts, le grand nombre de ses amis et de ses ennemis, on le mettait à mort et on élisait immédiatement son successeur parmi les membres de sa famille ;

ou bien chacun venait lui baiser la main et lui souhaiter toutes sortes de prospérités, en faisant acte de soumission. Dans ce dernier cas, le chien ou le chacal était seul immolé. Aprés cette cérémonie, le roi faisait avancer quelques bœufs qui servaient à régaler ses juges, et les fêtes commençaient. Les rois prévoyants savaient toujours se débarrasser de leurs ennemis avant le jour de ce jugement populaire.

Cet usage s'est conservé à Fazolglou jusqu'au règne de Yassin, qui fut massacré dans l'année 1837 ou 38, par suite de la volonté de ses juges. Les gouverneurs du Sennar se sont réservé aujourd'hui le droit d'investir ou de déposer les chefs des pays soumis à leur domination en se réglant ordinairement sur la majorité des suffrages des notables des pays, quelquefois aussi sur la valeur des cadeaux qu'ils reçoivent.

Les Bary, comme la plupart des riverains du Nil que j'ai observés, sont faux, haineux et querelleurs; esclaves de leurs passions, sans frein, sans lois, ils se laissent aller à tous les excès. La moindre querelle se termine souvent par des coups de lance, et amène quelquefois des guerres sérieuses.

Pendant son séjour chez les Bary, don Angelo a constaté qu'il en mourait plus de mort violente que de maladie; cependant, malgré l'irascibilité de leur caractère, ils ont une qualité qui porte à espérer d'eux un changement favorable : ils sont aussi prompts à se rendre aux bonnes raisons qu'ils le sont à se mettre en colère. Je les ai vus devenir doux comme des agneaux, de furieux qu'ils étaient, après quelques paroles de don Angelo; ils disaient : C'est vrai, vous avez raison, et tout était fini.

Pendant son séjour à Bellénia, ce missionnaire a empêché beaucoup de meurtres et de guerres; jamais les Bary n'avaient été aussi tranquilles qu'alors, mais après son départ, il y a eu quarante-deux personnes de tuées et plusieurs maisons brûlées en peu de temps.

Don Angelo s'était fait, parmi les naturels, plusieurs disciples qui l'accompagnaient et s'efforçaient de lui rendre favorables les populations qu'il visitait, en leur faisant connaître la différence de nos doctrines et de leurs superstitions.

Aucun des peuples riverains ne porte de vêtements; les femmes se couvrent le milieu du corps avec de la peau de mouton. Seules, les filles des Chir et des Bary portent d'élégants pagnes cousus avec des fils et larges de quatre doigts.

Les sauvages ne mangent ordinairement qu'une fois par jour, vers le coucher du soleil; leur principale nourriture est le lait et la mérisse, puis le dourah, qu'ils mangent, soit en bouillie, soit en grains cuits dans l'eau.

La viande est pour eux un régal dont ils n'usent que dans les fêtes, les sacrifices, ou bien quand il meurt un animal. Ils mangent aussi des haricots, des pois, des sésames, des courges; les forêts leur fournissent encore quelques suppléments, comme des racines, des fruits sauvages, des champignons et une grande quantité de miel; ils cultivent du tabac sur les bords du Nil ou dans les îles. Plus favorisés que les autres peuplades du nord, les Bary ont d'excellent sel gemme dont ils ne connaissent pas toute l'utilité.

Leurs lances, leurs flèches, divers instruments de culture sont fabriqués par des forgerons assez habiles ; ils ont aussi des menuisiers qui font de petites chaises et des statuettes grossières.

Ces artisans, malgré leur incontestable utilité, sont assez peu estimés ; ils portent le nom de *toumonit*, qui est également donné à ceux des riverains qui se nourrissent de poissons, et qu'un vacher ou propriétaire regarderait comme une insulte.

Les pays au delà du 7e degré de latitude nord sont accidentés et couverts de forêts de tamariniers, d'hygliks, d'ébéniers et des plus belles variétés d'acacias. Ces arbres, toujours verts, forment des jardins naturels qui répandent une ombre fraîche sur le sol, en même temps qu'ils charment la vue par la variété des grappes de fleurs qu'ils portent.

Les villages des Bary et des Wangara sont tantôt étagés sur le flanc des montagnes, qui leur servent de retraite contre l'ennemi, et tantôt groupés ou dispersés au milieu des riches forêts qui les ombragent ; on croirait voir ces heureux séjours que l'imagination des poëtes a créés et placés dans notre pâle Europe. Mais si la nature se plaît quelquefois à orner le séjour de l'homme, si pour quelques zones elle semble avoir prodigué ses bienfaits et doublé sa puissance, elle n'exempte personne de la loi à laquelle nous avons été condamnés, celle de pourvoir à notre subsistance. Eh bien !

il semble que les riverains du Nil ne comprennent pas cette nécessité première, car leur paresse est telle qu'au milieu du plus beau pays du monde, ils souffrent toujours de la disette et même quelquefois de la faim.

Leurs terres, qui pourraient être couvertes des plus riches moissons, ne produisent que des joncs stériles ou d'insignifiantes graminées, que des bœufs affamés sont contraints de brouter.

Leurs îles, qui devraient être semées de champs de maïs, de cannes à sucre, et où l'on pourrait établir de productives rizières, ne donnent toujours que l'éternel et presque inutile jonc. C'est à peine, grâce à la situation favorable de ces îles, si on cultive sur leurs bords du tabac et quelques légumes. Il est certain qu'un nègre aime mieux souffrir de la faim et dormir sous un arbre, pour tromper son besoin, que d'acheter son bien-être par quelques fatigues.

Les montagnes sud des Bary renferment du cristal, du fer en abondance, et quelque peu de cuivre; elles fourniraient à un minéralogiste un vaste champ d'études aussi variées qu'utiles.

Il n'y a guère que deux saisons aux rives du fleuve Blanc : celle des pluies et celle de la sécheresse. Celle-ci correspond à notre hiver, c'est le temps des plus fortes chaleurs, qui pourtant sont quelquefois tempérées par les brises du nord qui règnent à cette époque. Les nuits sont fraîches, à cause de l'élévation du terrain, et le sommeil ne s'en trouve que plus réparateur.

Les pluies commencent à la fin de mars et finissent en novembre; pendant cette saison, l'air est rafraîchi par des vents frais et humides et par les nuages qui voilent fréquemment le soleil. Les premiers orages surtout sont accompagnés de coups de tonnerre effrayants, et ils durent souvent deux jours de suite.

L'humidité qui règne à cette époque cause des fièvres intermittentes et d'autres maladies, mais la vigueur des habitants, la beauté de leurs formes, le grand nombre des vieillards, attestent que le pays est salubre, et que les indispositions dont je viens de parler sont sans gravité et d'une durée passagère.

J'ai dit, à propos de la révolte de mon équipage, qu'une des raisons qui me firent céder aux rebelles était la perspective de traverser un bois infesté de lions.

Cependant, ainsi que l'ont écrit les voyageurs et les naturalistes, le lion du Soudan n'est ordinairement dangereux pour l'homme qu'autant qu'il est attaqué lui-même par celui-ci, à moins qu'il ne soit poussé par les besoins de la faim. Je me souviens avoir voyagé pendant quelques minutes au milieu d'une épaisse forêt, sur la route de Kataref, en compagnie d'un lion et d'une lionne dont la stature et les formidables mâchoires n'avaient rien de rassurant. Un excellent chameau, sur lequel j'étais monté, ayant paru hésitant et inquiet, je cherchai à en reconnaître la cause, et j'aperçus les deux quadrupèdes qui marchaient tranquillement devant moi, à une cinquantaine de pas, précisément dans le sentier très-étroit où je me trouvais.

Ils voyageaient avec la plus apparente bonhomie, comme deux bons époux qui s'occupent peu de ce qui se passe autour d'eux ; mais je remarquai cependant que ceux-ci regardaient de temps à autre en arrière comme pour me surveiller.

J'armai mon fusil et je descendis de mon chameau, dont la frayeur et les écarts m'eussent empêché de bien ajuster si les deux voyageurs se fussent avisés de me livrer combat, et j'ordonnai aux deux domestiques qui me suivaient d'apprêter également leurs armes. Au bout de quelques instants, les deux lions rencontrèrent une clairière et entrèrent dans la forêt. On pense bien que je n'eus nulle envie de les suivre, et que je n'avais aucune tentation de leur disputer la royauté de leurs ombrages.

Lorsqu'on est obligé de camper la nuit dans les pays où on peut rencontrer des lions, on doit toujours avoir la précaution d'allumer un grand feu autour duquel un homme doit toujours être de garde, autant pour veiller à ce que le feu ne s'éteigne pas, que pour faire voir aux animaux féroces que tout le monde veille. Ces soins ne sont pas inutiles, car on aperçoit quelquefois parmi les arbres, et à la lueur du feu, deux yeux étincelants qui vous observent.

J'arrivai un jour près du Rahad lorsqu'un fatal événement venait de se produire; une petite caravane avait passé la nuit sous des arbres volumineux et élevés, et s'était, selon la coutume, couchée autour d'un immense foyer; malheureusement, à une certaine heure de la nuit, l'homme qui était de faction s'endormit, et un lion, qui guettait sans doute le moment d'assouvir sa faim, profita de ce sommeil pour se précipiter sur la caravane. Saisir un Arabe mograbin qui se trouvait à sa proximité et l'emporter, fut l'affaire d'une minute. Le bruit réveilla les voyageurs, qui, se doutant de quelque accident, s'empressèrent de se compter; l'événement fut plutôt deviné que constaté; on tira plusieurs coups de fusil dans la direction où l'on supposait que l'ennemi avait entraîné sa proie, mais ce fut sans résultat. Le lendemain on trouva, à quelque distance de là, le crâne et quelques ossements de la victime.

Parmi les hotes de ces forêts se trouvent aussi quelques variétés de serpents fort dangereux, et il faut avoir soin d'éviter de les fouler aux pieds, car ils répondraient de suite par des morsures qui peuvent devenir mortelles. Ces reptiles sont si peu timides, qu'ils approchent très-près des voyageurs lorsqu'ils s'arrêtent pour se reposer ou prendre leurs repas.

En 1851, nous dînions un soir sur les rives du Nil, et près de nos bateaux, avec quelques chefs de l'expédition turque : notre table improvisée était éclairée par les fanaux que nos domestiques avaient apportés, et nous nous livrions gaiement au plaisir du repas pris en plein air, sous un ciel étoilé. La brise légère que nous envoyait le Nil nous faisait oublier la chaleur et les fatigues de la journée, nous jouissions de ce *far niente* particulier qu'on ne doit trouver qu'en Égypte, lorsqu'un des convives, qui était justement en face de moi, s'écria : « Un serpent! un serpent! »

A ce cri, chacun regarda avec anxiété autour de soi, cherchant à apercevoir le redoutable reptile, et moi-même, en faisant cette recherche, j'aperçus les yeux de la personne qui avait jeté l'alarme fixés sur moi avec inquiétude. Je me doutai, au trouble de son regard, que je courais un grand danger, et presque en même temps je découvris le serpent. Il était entre mes jambes, sa queue s'étendait sur la terre et sa tête s'avançait jusque sur mon avant-bras gauche. Ses yeux noirs, ronds, petits et brillants, témoignaient de sa vigueur; c'était un serpent de l'espèce la plus dangereuse, long de plus d'un mètre, et dont la blessure devait être mortelle.

Je compris que le sang-froid le plus grand pouvait seul me sauver, et mes yeux indiquèrent à mes compagnons qu'ils devaient rester immobiles, afin de ne pas irriter notre nouvel hôte. J'espérais que ce reptile, qui avait dû me prendre pour un tronc d'arbre ou pour quelque autre objet inanimé, allait continuer son chemin, soit en montant plus haut pour redescendre ensuite, soit en faisant le tour de ma taille. Je l'observais attentivement, cherchant à deviner ses mouvements, lorsque je le vis replier sa tête et la diriger vers l'ouverture de ma manche. Celle-ci était largement ouverte, selon la forme des costumes de l'Orient, et si le serpent s'y logeait, s'il glissait entre mon linge et ma peau, plus de doute, j'étais perdu !

Mon parti fut bientôt pris, je me levai brusquement, d'un seul bond, et reculai de quelques pas en secouant l'horrible animal. Mes compagnons, qui avaient compris mon immobilité, se jetèrent aussi en arrière, tables et fanaux furent renversés, mais néanmoins nous nous armâmes de bâtons et nous parvînmes à tuer ce hideux ennemi. On sait que chez les reptiles l'épine dorsale est très-fragile, et que lorsqu'elle est brisée d'un coup de bâton, l'animal est immédiatement hors de combat.

Le danger à peine passé, nous l'avions presque oublié et nous étions réinstallés, lorsqu'un nouveau serpent s'approche, attiré sans doute par la lumière, comme cela arrive souvent. Il était prudent d'abandonner la place et de nous rendre à nos barques, ce que nous fîmes. Là nous pûmes au moins nous livrer au repos sans avoir à redouter la visite de ces hôtes des forêts.

Quant au serpent qui nous avait causé cette alerte désagréable, nous l'envoyâmes au musée de Turin, où il fut empaillé, et il figure maintenant dans les collections.

COUTUME BARBARE EN USAGE DANS LE SENNAR.

En observant les mœurs actuelles du Sennar, on est frappé d'y rencontrer des usages que le contact des peuples civilisés aurait dû détruire depuis longtemps.

L'espèce d'infibulation que l'on pratique encore sur les jeunes filles, n'est pas la moins barbare de toutes ces coutumes, et elle est en même temps tellement excentrique que j'éprouve, je l'avoue, quelque embarras à la raconter. J'espère cependant que le lecteur ne verra là que l'intention qui me donne quelques droits à son indulgence. Comment, en effet, flétrir de pareils usages et arriver à leur suppression, sans en parler? C'est au contraire la meilleure manière de faire la guerre à de pareils faits que de les livrer au grand jour de la publicité ; donc, *honni soit qui mal y pense.*

C'est vers l'âge de six à huit ans que l'on fait cette cruelle opération qui a pour but d'assurer à un futur mari cette fleur virginale si fragile sur laquelle il fait reposer tous ses rêves de bonheur.

La patiente est maintenue couchée sur le dos, puis la matrone, armée d'un rasoir, coupe les parties génitales externes ; ensuite elle introduit dans le conduit excréteur de l'urine un roseau, une paille creuse ou tout autre cylindre qui puisse faciliter l'excrétion urinaire. Après cette double opération, on attache les jambes de l'enfant, afin qu'elles ne puissent être écartées pendant une dizaine de jours, c'est-à-dire jusqu'à ce que la cicatrisation soit déjà en bonne voie. Mais ce n'est guère qu'après quarante jours passés dans la position la plus gênante que la guérison est complète; pourvu toutefois qu'il ne survienne pas de gangrène, de maladie de la vessie, ou quelque autre complication plus ou moins dangereuse.

Au bout de quelques années, lorsque vient le moment du mariage, c'est encore le rasoir de la matrone qui vient défaire ce qui avait été fait auparavant et qui sert à pratiquer une ouverture plus ou moins grande, selon l'indication qu'a donnée l'époux.

Les méres Éthiopiennes et Arabes font maintenant leur profit de cet usage, car une partie de la dot fournie par le mari revient de droit aux parents de sa jeune épouse, et la mère trouve très-commode de laisser sa fille sans sexe jusqu'à ce que la dot soit intégralement payée. J'ai vu des Sennariens se plaindre aux gouverneurs généraux du Soudan parce qu'ils vivaient depuis dix ans avec leurs femmes sans jamais avoir eu avec elles de rapports sexuels, les contributions qu'ils étaient obligés de payer les mettant dans l'impossibilité d'acquitter la dette contractée avec leur mariage.

Cette abominable coutume a résisté jusqu'à présent à toutes les lois et ordonnances que le gouvernement égyptien a faites contre elle. Une épouse qui consentirait à le devenir complétement autrement que par le rasoir de la matrone se croirait déshonorée et serait mal vue de sa caste. Toutefois, l'accomplissement de l'opération flatte leur amour-propre, car la plus grande insulte que les jeunes Sennariennes puissent s'adresser est de se reprocher de ne pas l'avoir subie, et elles ont pour cela des expressions très-énergiques.

Abdel-Latif-Pacha, gouverneur général, jugea à propos, en 1850, d'intervenir dans ces coutumes. Il institua à cet effet un *Naser el enka* ou inspecteur des mariages, et ce fut le faquir, Mahommed-Din, l'un des anciens chefs du territoire de Carthum, qu'il gratifia de cette nouvelle fonction.

Ce *naser* de nouvelle formation était gros et de très-petite taille, il avait environ quatre pieds de hauteur, sa tête était énorme et sa physionomie des plus grotesques. On l'avait affublé d'un manteau vert, sur le dos duquel on lisait en toutes lettres sa qualité. Sa tête était surmontée d'un long bonnet pointu aux couleurs variées et couronnée par deux cornes symboliques. Quelques *caouas* (gendarmes) avaient été mis à la disposition de ce singulier fonctionnaire, afin de lui faciliter l'accomplissement de sa mission, qui avait pour théâtre tous les villages soumis au gouvernement.

Cette mission consistait : 1° à écouter les plaintes de ces nombreux individus qui n'étaient époux que de nom à cause de leur insolvabilité, et à arranger les choses pour qu'ils devinssent réellement époux ; 2° à faire marier immédiatement les filles et les femmes, quelle que fût la famille à laquelle elles appartinssent, au premier individu qui en ferait la demande, fût-il simple soldat, indigène ou même étranger; 3° enfin à faire détruire cette barrière qui s'opposait à l'accomplissement du mariage.

Mais comme le gouverneur n'ignorait pas que les contributions avaient extrêmement réduit, pour ne pas dire anéanti, la fortune de ses administrés, il promulgua une loi qui réduisait la dot de l'épouse au niveau de la bourse du futur, et, pour atteindre ce but, il avait divisé toutes ses administrées en trois classes. La dot était ainsi fixée pour chacune de ces trois catégories :

Filles ou femmes de la première classe, 37 francs 50 centimes, soit 150 piastres d'Égypte;

De la deuxième classe, 25 francs;

De la troisième classe, 12 francs 50 centimes.

Celui qui désirait se marier n'avait qu'à porter

à l'inspecteur des mariages la valeur de l'une de ces dots et le nom de la personne qu'il voulait épouser; et il suffisait que la femme qu'il convoitait appartînt à la classe pour laquelle le futur payait, au bout de trois jours elle lui était livrée.

Cette loi, qui est enregistrée à Carthum aux archives du gouvernement, n'a été mise en vigueur que pendant l'administration d'Abdel-Latif-Pacha; elle fut abrogée par son successeur, et le faquir Mahommed-Din perdit son emploi

La coutume barbare sur laquelle je viens de donner quelques détails est attribuée à l'un des premiers rois chrétiens de la Nubie, qui employa, dit-on, ce moyen pour abolir la coutume que les Éthiopiennes partageaient avec les

Égyptiennes, les Syriennes et les Babyloniennes, de se livrer aux étrangers, soit pour se procurer une dot, soit par dévotion au culte de la déesse des amours, désignée sous le nom d'Astartée, d'Isis et de Melitta.

L'histoire nous apprend que Chéops acheva sa fameuse pyramide avec le produit des dons faits par les amants de sa fille, l'une des plus belles créatures de l'Égypte. On sait encore qu'Abraham, pour se soustraire aux dangers que lui suscitait la beauté de sa femme Sarah, l'avait livrée à Pharaon en la faisant passer pour sa sœur.

Quand on réfléchit que le culte de la prostitution ne put être banni de l'Orient que par Constantin le Grand, qui fit détruire les temples et les bois consacrés à la déesse Uranie, on n'est pas étonné d'apprendre que les premiers rois Éthiopiens aient employé, pour parvenir au même but, des moyens plus barbares, mais plus sûrs. La prostitution est néanmoins restée dans les mœurs de quelques tribus, et les femmes Hassaniehs ont soin de se réserver la part des étrangers. Chez les Amams, on donne la préférence aux filles qui ont déjà donné des preuves de fécondité.

La prostitution, en perdant ses autels, en cessant d'être regardée comme un acte religieux, n'en est pas moins restée au nombre des coutumes du pays, et tout ce que le christianisme et le mahométisme ont pu faire, c'est de la reléguer parmi les esclaves, qui sont maintenant tarifées par leurs maîtres en proportion de leur beauté et de l'affluence de leurs chalands. Ces femmes ne sont pas une des moindres politesses que les Sennariens offrent à leurs hôtes.

LES ARTS ET LES SCIENCES CHEZ LES SAUVAGES.

Les sauvages ne sont pas insensibles à la musique. Et comment en serait-il autrement? Les Grecs ne nous ont-ils pas montré dans leur ingénieuse mythologie, leurs dieux et demi-dieux opérant des prodiges avec leurs instruments. Ils racontent que sous cette influence, les divinités de l'Olympe étaient charmées, les héros subjugués et les monstres les plus cruels devenaient doux comme des agneaux. Et si les pierres elles-mêmes venaient se ranger spontanément aux doux accords de la lyre d'Amphion pour former les murailles de Thèbes, comment les sauvages n'éprouveraient-ils pas le charme de la mélodie?

Mais, hélas! leurs instruments sont bien grossiers, et ils n'offriraient que des ressources bien chétives à nos compositeurs de symphonies ou d'opéras. Le tambour est leur principal instrument, et grâce à la finesse de leur ouïe, ils l'entendent à de grandes distances, sans jamais se tromper sur la direction d'où le bruit leur arrive et sur l'événement qui leur est annoncé; car au moyen d'une sorte de convention, le tambour leur sert à communiquer à de grandes distances. Pour eux c'est plus qu'un instrument, c'est un télégraphe électrique dont l'air est l'incommensurable conducteur.

Le noukara, ou tambour, est le premier attribut de la souveraineté. Les principaux villages, qui ont toujours un représentant du chef principal, peuvent posséder un de ces instruments, qui fait l'office de nos cloches ; il sert de tocsin dans les alertes et les dangers ; selon la manière dont il est frappé, il exprime ou la douleur d'un peuple ou sa joie ; il anime les danseurs, ou il pleure avec ceux qui suivent le convoi qui marche à sa dernière demeure.

Pour appeler à la danse on frappe deux coups qui sont renouvelés de temps à autre et alternés avec une espèce de roulement. Trois coups frappés bien distinctement sont un signe d'alarme ; lorsqu'ils se font entendre, les habitants du village le plus rapproché les répètent, puis ainsi de suite, de village en village, et en un instant tout le monde est sur le qui vive. Quatre coups appellent à la guerre et sont répétés de la même façon ; tandis qu'un seul coup annonce une fâcheuse nouvelle, telle, par exemple, que la mort d'un personnage important.

Ce tambour est de forme conique, de sorte que ses deux extrémités, au lieu de présenter une surface d'égale dimension, comme le tambour des Européens, sont, l'une très-large et l'autre beaucoup plus étroite. Sa partie circulaire est d'une seule pièce ; c'est un tronc d'arbre creusé, ordinairement de doum-deleb, variété du palmier, dans les régions où il se rencontre. De la peau de bœuf tannée forme les deux surfaces planes, puis des lanières de cuir vont s'attacher d'un bout à l'autre de l'instrument, se croisent en divers sens et sont quelquefois multipliées au point de couvrir, en grande partie, le bois qui forme la caisse.

Dans les tribus mahométanes, les chefs

seuls ont le droit d'avoir leurs noukaras en cuivre au nombre de trois ou de cinq et de diverses dimensions ; seuls aussi ils ont le droit de les faire battre devant leurs demeures, aux heures de la prière, c'est-à-dire, au lever du soleil, à midi, à trois heures, au coucher du soleil et à la nuit. On change, chaque année, la peau de ces tambours royaux, vers les équinoxes d'automne[1], c'est-à-dire vers la fin des pluies.

A Kallabad, ce changement donne lieu à une fête qui dure trois jours, pendant lesquels on danse, on chante, on fait des aumônes au son de ces tambours. Le troisième jour, au matin, toutes les peaux sont renouvelées ; alors le roi, qui, d'après les traditions éthiopiennes, réunit les doubles attributs de prêtre et de despote, s'avance lentement vers ces tambours étalés à quelque distance de son prétendu palais, faisant des pauses après quelques pas pour réciter des versets du Koran ; puis, s'arrêtant vers le plus gros de ces tambours, il prend la baguette que lui présente un de ses musiciens et frappe à diverses reprises trois coups à la fois, toujours en murmurant quelques prières.

Dès qu'il rend la baguette, tous les tambours sont frappés en même temps par les musiciens ordinaires, et les réjouissances continuent pendant le reste de la journée.

Les Bary s'attribuent le droit de détrousser tous les étrangers qui passent devant le pays où s'accomplit cette cérémonie.

Les sciences, comme on doit bien le supposer, sont à peu près inconnues aux sauvages ; cependant quelques-uns d'entre eux pratiquent la médecine, c'est-à-dire se bornent à panser les plaies et à conseiller aux malades l'usage de quelques plantes qui croissent dans le pays. Au reste, les maladies de ces peuplades sont peu nombreuses et ne ressemblent guère à ces mille et une indispositions qui affligent les Européens. La frugalité est la loi commune, et ces hommes primitifs ne sont pas sans cesse énervés par les plaisirs multipliés, le travail excessif, l'ambition ou l'intrigue, de sorte que toute la série des maladies nerveuses qui frappent sans cesse les habitants des villes leur est tout à fait inconnue. Bien entendu que je ne parle pas seulement des migraines et des vapeurs de nos petites maîtresses, mais encore de maladies plus graves qui encombrent les hôpitaux et les maisons de santé des pays civilisés et déciment les populations.

Leur moyen thérapeutique le plus habituel est le repos : le sauvage, comme l'animal blessé ou malade, se blottit dans un coin et attend patiemment que l'équilibre des fonctions se soit à peu près rétabli. C'est surtout chez eux que l'on sait honorer le grand précepte : *Natura morborum curatrix.* Certains médecins pourraient prétendre qu'en agissant ainsi ils font de l'homœopathie ; mais je ne veux point m'initier dans les affaires de messieurs les homœopathes, et je décline d'ailleurs ma compétence.

L'hygiène des habitants du Soudan est cependant vicieuse sous beaucoup de rapports, et si l'air pur et vivifiant de ces climats ne venait pas sans cesse leur apporter ses bienfaits, nul doute que leur malpropreté habituelle ne leur fût très-préjudiciable. C'est chose hideuse à voir que ces hommes qui se sont roulés dans les cendres pendant leur sommeil pour éviter d'être tourmentés par les insectes, et qui se mettent en marche dès le matin après avoir secoué la poussière qui les couvre. Puis, plus tard, la sueur qui vient inonder leur visage trace de longs sillons qui leur donnent l'aspect le plus dégoûtant. Il est vrai que les bains d'eau courante viennent quelquefois réparer ce désordre; mais il ne savent pas toujours en user à propos. Ils préfèrent d'ailleurs, de beaucoup, à une eau limpide, l'urine de vache, et ils sont tellement avides de cet horrible cosmétique, que le sauvage qui se trouve près d'une vache qui urine, ne manque jamais à se précipiter sous l'animal pour recevoir cette affreuse douche sur la tête et sur tout le reste du corps. On les voit ensuite se frotter avec plaisir le visage humide, et leurs traits expriment la plus grande satisfaction.

ACTES DÉPLORABLES

COMMIS CONTRE LES RIVERAINS DU NIL.

J'arrive maintenant à la révélation d'abus contre lesquels l'humanité se révolte, et dont la connaissance importe non-seulement à la solidarité de la grande famille humaine, mais encore à ceux qu'un intérêt quelconque porte à soutenir la liberté du commerce.

En 1845, M. Nicolas Ulivi, dont j'ai déjà parlé, s'associa, pendant quelques années, avec Caled-Pacha, qui le fit directeur de ses expéditions et mit à sa disposition une armée respectable.

Ce chef n'a pas toujours eu le calme nécessaire à sa mission, non plus que les soins que nous mettions, nous, à éviter avec les nègres des conflits regrettables. Les fusillades étaient, pour les expéditions turques, un passe-temps, un moyen de varier la monotonie du voyage, et ils les employaient au moindre prétexte, pour le plus léger malentendu.

Il s'est passé dernièrement des faits que je dois signaler dans l'intérêt de l'humanité, et parce qu'ils compromettent le commerce et la navigation du Nil.

Parmi ceux qui voyagent dans le seul but du lucre, il en est qui abusent de l'impunité qui suit leurs actes arbitraires.

J'en citerai quelques-uns :

Un Syrien, nommé Gybram Azouz, autrefois protégé de l'Autriche, a trouvé, pour économiser ses verroteries et ses autres objets d'échange, un moyen inhumain et déloyal que j'ai déjà fait connaître au consul de son pays.

Au moment des négociations, et lorsque les échanges sont prêts à se faire, il profite de la peur qu'inspire aux nègres le bruit des armes à feu pour leur tirer des coups de fusil; puis il s'empare de leur ivoire et s'embarque au plus vite. Non content de cette inhumaine tromperie, il s'est souvent rendu avec ses gens armés, dans chaque maison qu'on fouille dans tous les coins, afin d'y trouver l'ivoire que l'on y cache; c'est ainsi qu'il fut amené à tuer à bout portant le chef d'un village Chir qui lui résistait et voulait garder sa propre marchandise. Cela se passait en 1851.

Ce jour-là, les nègres, revenus de leur surprise, poursuivirent Gybram Azouz jusque dans sa barque, et s'ils ne s'en emparèrent pas, bien qu'ils fussent deux ou trois mille, ce fut grâce à un bon vent et à la présence d'esprit de son raïs (capitaine), qui mit à la voile quand il vit les poursuivants prêts à se jeter dans la barque.

Il serait très-peu sûr de se présenter devant ce même village; toute barque y devient suspecte, et peut-être les nègres se vengeraient-ils, si l'occasion leur en était offerte.

Quelques négociants imitent le Syrien Habib, mort de maladie, l'année dernière, à Mardjou, et se servent d'un bâton dont ils frappent les habitants des villages peu peuplés, pour leur faire donner leur marchandise. D'autres s'emparent par surprise des chefs de villages et les menacent de les emmener en esclavage, s'ils ne livrent pas immédiatement toutes les dents d'éléphant qu'ils possèdent.

Il en est parmi lesquels, j'ai honte de le dire, se trouvent des Européens, qui ont autorisé leurs employés musulmans à *faire la traite* des nègres, sans doute pour n'avoir pas à les intéresser dans l'achat de l'ivoire. D'autres ont fait à des chefs de tribus des avances pour acheter des nègres ; c'est engager les chefs à porter la guerre chez leurs voisins, afin d'y faire des prisonniers. Chaque grain de verroterie contient peut-être la vie d'un nègre ; des peuplades s'entr'égorgent pour s'enlever réciproquement leurs femmes et leurs enfants, dans le but de satisfaire la cupidité et la lubricité d'odieux trafiquants.

On a vendu, l'an dernier, à Carthum, des riverains du vrai Nil, qui ne s'étaient livrés que sur le serment qu'on leur avait fait de respecter leur liberté et de les ramener chez eux. Un Syrien en a conduit à lui seul trente, qu'il a cherché à vendre.

Tous ces faits nous ont aliéné les mêmes populations qui nous recevaient autrefois en dansant et en chantant, comme des êtres venus du ciel; aussi, l'année dernière, plusieurs peuplades ont attaqué diverses expéditions.

Voici, d'après un journal, un fait que je livre sans commentaire : « M. Vaudey, négociant, voyageait avec son neveu. Celui-ci avait fait des avances pour de l'ivoire à un chef de village Chir; apprenant que cet homme avait porté ou fait porter de l'ivoire chez un des concurrents de M. Vaudey, son neveu, nommé Ambroise, s'empara par surprise de la femme et des enfants du chef nègre, en le menaçant de les conduire en esclavage, s'il ne rapportait pas immédiatement l'ivoire qu'il avait livré à d'autres. En voyant sa famille garrottée dans la barque d'un blanc, le chef poussa des cris de rage et ameuta les gens de son village, qui égorgèrent d'abord le domestique de ce Syrien et poursuivirent à coups de flèche et de lance les équipages des barques qui purent enfin leur échapper par la fuite.

« MM. de Malzac et Vaissière, autres négociants, ignorant cette déplorable aventure, s'arrêtèrent, quelques jours après, dans ce même endroit pour y faire des échanges. Ils furent attaqués et poursuivis pendant plusieurs heures, et ce ne fut que grâce au courage et au dévouement de ses gens, dont plusieurs furent blessés, ainsi qu'à la bonté de leurs armes, qu'ils échappèrent au sort qui attendait M. Vaudey peu de jours après. Ils voyageait alors avec un Turc, nommé Mohammet-Effendi, avec lequel il était associé, et qui, jusque-là, avait fait le commerce des Circassiennes. Ce Turc, pour se désennuyer, tirait souvent des coups de fusil. L'arrivée de don Ignatio-Knoblecher lui parut une occasion favorable pour faire de nombreuses salves de mousqueterie. Ce passe-temps avait attiré beaucoup de curieux, mais malheureusement deux enfants nègres tombèrent, l'un mort, l'autre blessé, au milieu de la réjouissance générale. Les nègres, se croyant attaqués, égorgent un domestique de la mission catholique qu'ils trouvent au milieu d'eux et lancent une grêle de flèches contre la barque du Turc qui les avait provoqués. Celui-ci riposta par de nouvelles fusillades qui amenèrent dans les rangs nègres de nombreux combattants.

« C'est en voulant soutenir son compagnon de voyage que M. Vaudey fut massacré avec la plupart de ses gens. »

Les lettres que je reçus et qui me parlent de ce fait, m'ont appris que les habitants de Guando-Koro respectèrent la mission catholique et portèrent même les blessés à don Ignatio pour qu'il les traitât, mais la plupart moururent de leurs blessures.

Je fais des vœux bien sincères pour que, sur les représentations de ceux de nos consuls généraux qui s'intéressent le plus à la conservation du commerce et de la navigation du vrai Nil, le gouvernement éclairé de Saïd-Pacha, le nouveau vice-roi, prenne des mesures énergiques, tant pour empêcher le retour des actes qui ont amené d'aussi funestes conséquences, que pour protéger une navigation qu'il a tant d'intérêt à maintenir.

DE L'ÉTAT PRÉSENT DU SENNAR

DE SON AVENIR ET DE SON INFLUENCE SUR L'AVENIR DE L'ÉGYPTE.

La plupart des voyageurs qui se sont aventurés dans le centre de l'Afrique sont morts pour donner de nouveaux pays à la géographie, de nouveaux débouchés à l'industrie, de nouveaux aliments à l'avide commerce et de nouveaux convives à la civilisation. Très peu d'entre eux ont pu jouir dans leur pays du repos qui leur était dû et des récompenses qu'ils avaient méritées.

J'essayerai d'indiquer à ces courageux champions de la science une route qui diminuera leurs fatigues et leurs dangers, et sera pour le gouvernement qui voudra la leur faciliter un moyen d'agrandissement et une source de prospérité. Je tâcherai de prouver à ce dernier qu'il pourra reconquérir ainsi à la civilisation, des peuples riches, autrefois ses tributaires, et qui, depuis plus de deux mille ans, gisent sur leur sol, attendant, comme Prométhée sur son rocher, un rayon de ce feu sacré qui doit les régénérer et leur donner une nouvelle vie.

A défaut du talent que demanderait un pareil sujet, j'espère que le prince éclairé qui gouverne maintenant l'Égypte, ainsi que tous ceux qui s'intéressent aux progrès de l'humanité, voudront bien me tenir compte de ma bonne volonté.

L'importance du rôle que l'Éthiopie peut reprendre dans les destinées et l'avenir de l'Égypte n'est pas douteuse. Pour en avoir une idée, il suffit de parcourir les quelques pages qui nous restent sur l'histoire de ce pays. On y verrait qu'il était riche en toute espèce de cultures, en minéraux précieux, en or, fer, cuivre, plantes médicinales, etc., etc., que des peuples éloignés et inconnus aujourd'hui apportaient de toutes parts, soit par caravanes, soit à l'aide des fleuves, à des marchés où ils trouvaient en échange les produits de l'Égypte, de la Syrie et des Indes.

On verrait encore que la fondation de Thèbes, la fameuse ville aux cent portes, est due à une colonie d'Éthiopiens qui avait suivi le cours du Nil à travers ses cataractes. Cette cité fut la première qui imposa un lit au fleuve et transforma les marais pestilentiels de l'Égypte en champs couverts des plus riches moissons.

L'histoire nous apprend aussi que, tant que les deux nations restèrent unies par une communauté d'intérêts, de mœurs et de religion, l'Egypte garda le premier rang parmi les nations. Elle n'a été accessible à ses ennemis et déchue qu'après la rupture de ces liens, lorsque Psammétique VI eut exilé deux cents famillles de la caste guerrière, léguant ainsi à son successeur le royaume veuf de ses alliés et de ses défenseurs. Cambyse trouva l'Égypte ouverte, et depuis elle a toujours eu des maîtres.

Mais qu'est-il besoin d'invoquer l'histoire ? J'admets que la prospérité passée d'un pays ne puisse être prouvée ou ne serve d'appui à ma thèse qu'en raison des éléments qu'elle fournit pour l'avenir; la fortune d'un pays ne dépend-elle pas de sa fertilité, de sa position géographique et de sa topographie? Or, sous ces divers rapports, l'Éthiopie égyptienne est un des pays les plus favorisés du monde; il suffit de jeter les yeux sur la carte pour s'en convaincre.

Depuis le 18e degré de latitude nord, terme des pluies équatoriales, jusqu'à Sennar, sous le 13e degré, le Nil reçoit le tribut des eaux de quatre affluents qui serpentent à travers des plaines d'une luxuriante végétation où paissent de nombreux troupeaux. Ces affluents n'attendent que des bras et un débouché facile pour donner à ce pays la vie et le bien-être que la circulation normale du sang donne aux êtres qu'il anime.

Dans les vastes plaines qu'arrosent le Dinder et le Rahad, entre le fleuve Bleu et l'Atbarah, on cultive sans frais le coton le plus magnifique;

celui dont on a tiré la graine du maho, si renommé avant qu'il n'eût dégénéré sous le climat de l'Égypte. On y cultive aussi le sésame, qui ne vaut que 5 fr. l'ardeb ou le sac de 140 kilogrammes, c'est-à-dire, ainsi que le coton, huit fois moins qu'en Égypte.

Hamet-Pacha, le seul gouverneur général qui ait compris jusqu'à présent les ressources de ce pays, a organisé des fabriques d'indigo, de sucre et de savon qui lui rendaient 500 pour 0/0, et cela dans des endroits où il n'y avait auparavant que des forêts sauvages.

Dans les jardins que les étrangers ont faits autour de Carthum, on trouve des grenadiers, des figuiers, des citronniers couverts de fleurs et de fruits pendant presque toute l'année; la vigne produit deux fois l'an, et le bananier n'a pas de saison. L'arbre à crème donne également une double récolte : la première en juillet, la seconde en décembre. J'ai envoyé en Égypte des échantillons de vin que j'ai fait avec les treilles de mon jardin; il n'a pas été jugé inférieur aux vins les plus estimés de l'Espagne.

Le voyageur arabe Sélim-el-Assouanli raconte, au treizième siècle, qu'il a parcouru la Nubie jusqu'à Aloa (Soba), à six heures sud de Carthum, en cheminant toujours à l'ombre des forêts de palmiers ou sous les treilles de vignes qui ont été détruites par l'invasion arabe. Il ne faudrait que trois années pour rendre le pays tel qu'il était alors, car le sol de l'Éthiopie est pour le moins aussi fertile que celui de l'Egypte. Par ses fleuves et ses rivières, il peut avoir, comme l'Égypte, son irrigation artificielle ; il a de plus qu'elle la manne céleste, ses pluies annuelles qui lui donnent gratuitement d'abondantes récoltes.

Le fleuve Blanc n'a pas de rives proprement dites ; il laisse en se retirant des terres qui ont souvent une lieue de largeur et qui se trouvent ainsi toutes préparées pour diverses sortes de cultures. Ces bords, maintenant déserts, appelleraient de nombreuses populations de cultivateurs, si on les garantissait contre les excursions des Chelouk ; il ne faudrait pour cela, pendant quelques mois de l'année, qu'une croisière de deux bateaux armés, dont les frais seraient amplement payés par le droit qu'on établirait sur les bois de construction. L'arsenal et la ville de Carthum tireraient ces bois des hautes forêts de mimosas qui ombragent les bords du fleuve, et cela pourrait devenir également une richesse pour l'Égypte, qui est dépourvue de cet important produit et le paye au poids de l'argent.

On pourrait exploiter de même les immenses forêts d'où le fleuve Blanc entraîne chaque année, pendant ses crues, d'énormes troncs qui sont employés pour la menuiserie grossière du pays. Le noyer, l'acajou ne sont pas comparables à la plupart de ces bois, soit pour leur durée, soit pour la beauté de leurs veines. Les cercueils des momies en sont des échantillons.

La province de Kordofan produit chaque année de quarante à quarante-cinq mille quintaux de gomme, rapportant au pays 800,000 fr. à un million environ, qui seraient doublés aussitôt que les transports deviendraient plus faciles; à présent, une caravane de mille quintaux ne peut arriver au Caire avant six mois et souvent un an, tandis qu'elle pourrait y être, de Carthum, en quinze jours. La culture des arachides, introduite en grand dans cette province, fournirait un article important d'exportation.

Le Soudan égyptien est peuplé de un et demi à deux millions d'hommes de deux races bien distinctes : les habitants des villes et villages sont un mélange d'Éthiopiens, de Foundj et de Berbères croisés avec les Arabes ; les autres sont nomades et appartiennent à ces tribus successivement émigrées de l'Edjas dès les treizième et quatorzième siècles. Ceux-ci errent dans les steppes de l'intérieur avec leurs bestiaux, consistant en bœufs, chevaux, moutons, chèvres, etc. Les premiers cultivent la terre, mais seulement à l'époque des pluies annuelles, qui commencent à la fin de juin et finissent en septembre. Lorsque les premiers orages ont suffisamment humecté le sol, les Sennariens jettent le grain, vont une ou deux fois sarcler leur champ et récoltent en octobre et novembre. Ils ne cultivent ainsi que le dixième de leurs terres, et quand la récolte a été passablement abondante, elle suffit pour approvisionner le pays pour cinq ans.

Année commune, le grain (maïs blanc) dont ils se nourrissent presque exclusivement ne vaut que 1 fr. à 1 fr. 50 cent. le sac dans les pays où on le récolte. Il pourrait se vendre de 12 à 15 fr. en Égypte.

Le prix ordinaire d'un bœuf est de 10 à 15 fr. A la modicité de ce prix, il est facile de se rendre compte de l'inertie des cultivateurs, de la pauvreté apparente du pays, ainsi que de l'impulsion que donnerait un débouché facile à l'agriculture et à l'élève des bestiaux. Combien de steppes dont on brûle l'herbe inutile, pour détruire les reptiles qui s'y cachent, deviendraient de riches propriétés !

Je me rappelle que Mohammet-Ali-Pacha écrivit un jour au gouverneur général Courchout-Pacha :

« Je ne conçois pas comment chaque fois que je te demande des tributs, tu m'objectes la pauvreté des sujets que je t'ai donnés à gouverner : ils ont deux Nils, tandis que je n'en ai qu'un ; fais travailler ces paresseux comme je fais en Égypte, et ils deviendront riches. »

Courchout-Pacha répondit à peu près en ces termes :

« Quand mes Sennariens cultiveraient dix

fois plus qu'ils ne le font, ils n'auront jamais que des grains et des bestiaux et point d'argent à vous donner. » Il aurait pu ajouter : « Envoyez-nous quelques-uns de ces acheteurs que les francs expédient dans vos ports, avec leurs bâtiments, et nous vous donnerons dix fois plus que vous ne nous demandez. »

Le pacha d'Égypte demandait alors trente, quarante, cinquante mille vaches qui mouraient presque toutes de faim, de soif et des fatigues d'une longue traversée, qui n'était jamais de moins de six mois.

Tant qu'on n'aura pas enlevé ce blocus dont les cataractes et le Sahara ont entouré l'Éthiopie, elle sera comme ces ports encombrés de richesses, que les croisières ennemies ont rendues ruineuses. Toute la question des richesses territoriales du Soudan est là, comme le démontrera plus loin le tableau approximatif des ressources actuelles du pays.

Voyons d'abord les avantages que peuvent donner à cette contrée sa position géographique et ses fleuves. Nous rencontrerons premièrement, au nord de Carthum, l'Albarah, qui nous conduira au Tigré et à Gondar, où nous trouverons le musc, des peaux tannées, de la cire et du café, qui s'y vend de 15 à 25 cent. la livre.

Le fleuve Bleu pourra nous rendre maîtres de ces marchés du centre de l'Abyssinie, tels que Codiam, où le Gallah, le nègre et l'Almarah se réunissent plusieurs fois l'an pour leurs échanges. Sur ses hautes rives, au delà de Fazolq, on pourrait établir des comptoirs où les nègres des montagnes aurifères de Berta, du Camomil, et le Gallah, trop éloignés des routes de Codiam, viendront apporter, les premiers leur poudre d'or, et les seconds d'excellents chevaux, de la cire, de l'or aussi et de l'ivoire, dont ils font des piquets, comme le faisaient les riverains du Nil blanc avant notre arrivée.

Un officier de l'armée égyptienne, nommé Hamet-Effendi, était facilement parvenu, il y a quelques années, a établir des relations avec ces peuples dans le poste qu'on lui avait confié près des minières sud de Fazolq. Ce poste avait été fondé par Mahmet-Aly, lors de son voyage, en 1839, à ces minières. En moins de deux ans, et avec un capital moindre de 2,000 fr., il avait gagné plus de 80,000 fr. Les Gallah venaient déjà par caravanes échanger les articles désignés ci-dessus contre des verroteries et des toiles. Avec de la loyauté et de la bonne foi dans les transactions, ce marché, en peu d'années, serait devenu un imporium des plus considérables; mais cet Hamet-Effendi, qui avait eu soin d'éloigner les petits marchands de ce qu'il appelait son marché, se trouva un jour sans fonds, en face d'une riche caravane de chevaux, d'ivoire, de poudre d'or et d'esclaves appartenant à des Gallah. Au lieu de partager avec les petits capitalistes, qu'il avait éloignés, ces richesses que ses moyens ne lui permettaient pas d'acquérir loyalement, il aima mieux s'en emparer de vive force, et les nègres et les Gallah ne revinrent plus.

Ce qui doit surtout attirer l'attention et l'intérêt du gouvernement égyptien, c'est le commerce et la navigation du fleuve Blanc. Sans répéter ici ce que j'ai déjà dit dans la narration de mes voyages, il suffira, pour s'en convaincre, de suivre ses trois principaux affluents presque tous navigables jusque près de leurs sources. En arrivant par le Saubat aux pieds des montagnes d'Imadou, sur les confins sud du royaume de Cafa, on pourra faire rayonner un commerce d'ivoire, de poudre d'or, etc., avec les nègres riverains, les Gallah et les peuplades sud-ouest des Adels. Les échanges d'ivoire, de fer, etc., qui n'étaient, en 1845, avec les riverains de la branche sud que de deux cents quintaux au plus, ont été l'année dernière, grâce aux relations que j'ai établies en 1850 et 1851, de huit cents quintaux, qui ont donné au Sennar un capital de 400,000 fr., et à la douane du Caire près de 50,000 fr. Que sera-ce quand nous serons arrivés chez les Kuenda, sous la ligne, chez lesquels mes gens ont rencontré, en 1851, des concurrents en relation avec le Zenzébar?

Quand nous aurons remonté le Keylak jusqu'au lac Fitry, qui nous empêchera de monopoliser pour l'Égypte le riche commerce d'importation et d'exportation que les royaumes de Bournou, Ouaday et Bagharmi font avec le Maroc et Tripoli, par le grand Sahara, avec des dangers et des fatigues de tous genres?

Quand nous aurons visité ensuite cette rivière qui, du sud, vient apporter au Keylak sa plus grande masse d'eau, le Sennar aura retrouvé ses anciens tributaires et reconquis son ancien commerce et son influence.

Il est hors de doute que les royaumes que je viens de nommer ne soient trois et quatre fois plus riches que l'Éthiopie égyptienne. C'est donc un commerce trois et quatre fois plus considérable, plus lucratif qu'il s'agit de lui acquérir. Qu'on ne traite pas ce projet de chimère ; aurait-on lieu de le supposer tel, il serait d'un trop grand intérêt pour l'Égypte pour ne pas le protéger et l'essayer.

Lorsqu'en 1850 j'ai exposé mes hommes et mes capitaux pour établir un comptoir chez les Bary, tous à Carthum, Francs et musulmans, me traitaient de fou, et pourtant cette folie a trouvé depuis plusieurs imitateurs auxquels leurs sept établissements ont rapporté 400,000 fr.

L'Egypte est-elle plus éloignée des sources de son fleuve, moins intéressée à se les acquérir, que la France et l'Angleterre, qui, depuis ces dernières années surtout, ont fait tant d'efforts, tant de sacrifices pour y établir leur commerce et leur civilisatrice influence.

Que l'Égypte le sache bien, elle ne doit pas

seulement voir dans le Sennar et ses fleuves un pays à améliorer, un commerce, une navigation à protéger ; il s'agit pour elle d'assurer la tranquillité sur ses frontières sud. Tous les établissements qui se seront formés vers les sources du Nil, par le Nil, seront égyptiens ; ceux qui y seront venus s'implanter par la route de Tripoli ou de Niger appartiendront à la nation qui les aura commandités ; on ne pourra leur refuser la navigation du fleuve, et bientôt ils en seront les maîtres.

Le commerce de l'Angleterre est envahissant comme le sable du désert et absorbant comme lui. C'est donc là pour l'Égypte non seulement une question d'avenir, mais encore d'existence. C'est donc par le Sennar, par ses fleuves, que l'Égypte pourra reprendre la place qu'elle avait parmi les anciennes nations du monde.

C'est par eux qu'Alexandrie pourra dire aussi dans un temps plus ou moins rapproché, comme Londres et Paris : « Moi aussi, j'ai mes satellites ; dans mon orbite tournent aussi des mondes auxquels je donne la vie et le mouvement. »

Les Indes de l'Égypte sont, momentanément, sur les hautes rives de son fleuve, en attendant que des flottes éthiopiennes reprennent le commerce de la mer Rouge et rendent leur ancienne importance à ces comptoirs que les Portugais ont créés sur les côtes orientales de l'Afrique.

Ayant laissé prendre à l'Europe l'influence que sa position pouvait lui donner sur les trois mondes au milieu desquels elle s'avance, qu'elle ne laisse pas empiéter la domination qui lui est due sur ses frontières du sud.

Il faut, pour cela, que le Sennar soit fait

égyptien, que l'Égypte y appelle l'industrie, l'agriculture, au moyen de colonies armées qui, par le croisement, y inféoderont ses mœurs et sa civilisation. Il faut que les Nubiens ne voient point dans les blancs des oppresseurs, mais des amis alliés, des protecteurs nécessaires; il faut qu'ils deviennent Égyptiens, prêts à fournir au besoin à la patrie 50,000 hommes qui puissent venir défendre ses côtes et ses ports.

L'Égypte obtiendra facilement ces résultats si elle veut employer l'industrie moderne, si elle veut recourir au génie de l'Europe, qui sait effacer les distances; cela lui permettrait d'élever des villes florissantes sur des bords sauvages qui ont dévoré leurs premiers explorateurs. Il faut anéantir les terribles barrières que le

Sahara et les cataractes ont jetées entre elle et la Nubie. Détruire les cataractes serait le moyen le plus coûteux, le plus difficile à exécuter, celui qui offrirait le moins de résultats. Les cataractes ne sont pas constituées, comme on pourrait se l'imaginer, par une chute d'eau, un écueil ou un courant rapide de quelques heures qu'un *travail de mines pourrait faire disparaître*; mais bien, principalement les deuxièmes et les troisièmes, par une continuité, pendant sept à huit jours, de rapides courants, d'écueils, de chutes entre des rochers, contre lesquels le Nil se brise en écumant. La main de l'homme ne pourra jamais détruire ces plateaux de granit, dont les premiers commencent à Ouady Alpha et finissent à l'Afir, les seconds à Méroé (ancienne Nepata) et finissent à la province de Berber. Tout ce qu'on tenterait pour amoindrir une chute ne ferait qu'augmenter la chute suivante, comme cela est arrivé à l'Ambal, la plus terrible des *deuxièmes cataracles*, *où l'on* a dû renoncer aux travaux qu'avait ordonnés Mahmet-Aly.

Ces cataractes ferment complètement la navigation du Nil pendant les deux tiers de l'année. Ce n'est qu'à l'apogée de l'inondation qu'on peut y exposer quelques bateaux. Un chemin de fer entre Assouan ou les rives de Barabras et la province de Berber serait beaucoup moins coûteux, plus facile à exécuter, et aurait l'immense avantage d'abréger de quinze à vingt jours la route du Sennar pour les simples voyageurs, et de six mois pour les marchandises qui restent souvent pendant trois et quatre mois et plus exposées au soleil, faute de chameaux nécessaires pour les transporter.

Selon le point de départ, ce chemin aurait de 320 à 500 kilomètres, sur un terrain peu accidenté, qui ne nécessiterait que des travaux de chaussée.

Il faut jeter un pont sur ces déserts qui ont, comme l'Océan, leurs tempêtes dévorantes ; il faut que nous puissions passer comme l'hirondelle dans ces lieux, où l'imagination ne nous représente encore qu'ossements humains et caravanes englouties sous les vagues de feu qu'a soulevées le simoun ; il faut employer le géant industriel, il faut la vapeur.

Un chemin de fer liera le Soudan à l'Égypte, reculera ses frontières jusqu'aux sources de ses fleuves, lui rendra tributaires tous les peuples d'en deçà du Niger. Si l'on y ajoute un service de paquebots, Carthum sera à quatre jours d'Assouan et à six jours de Bournou. Alors l'Afrique centrale n'aura plus de secret pour la science, ni son sol de sauvages.

Ce projet est moins coûteux, tout aussi grandiose et surtout plus utile pour l'Égypte que le percement de l'isthme de Suez, dont l'Europe profitera plus qu'elle.

Le temple de Psammétique semble attendre, depuis trois mille ans, le débarcadère où le sauvage du centre de l'Afrique doit se croiser avec l'Européen !

Le tableau approximatif suivant fera mieux connaître l'état actuel des ressources et du commerce du Soudan égyptien :

Commerce de gomme, 40 à 45,000 quintaux.	1,000,000
— de poudre d'or avec les montagnes aurifères	150,000
A reporter.........	1,150,000

	Report.............	1,150,000
Commerce avec l'Abyssinie, sur place.......		100,000
—	de graines sur les marchés et avec les nomades....	300,000
—	de bœufs *id*...	150,000
—	de brebis, chèvres, agneaux *id*...	100,000
—	de dattes de Dongolah et Berber.	350,000
—	de chameaux *id*.........	300,000
—	de toiles du pays................	320,000
—	objets divers....................	400,000
	Total approximatif......	3,170,000

Le tiers au moins de ce total est absorbé par le commerce d'importation, que j'évalue à 2 millions par an, moitié en échange et moitié en effectif.

On concevra sans peine qu'avec si peu de numéraire, le pays ne puisse payer, sans se ruiner, les 4 et demi à 5 millions que le fisc se fait donner pour frais d'administration et la solde des troupes auxquelles on donnait autrefois de forts à-comptes en esclaves pris dans les

Gasiah. Maintenant, on donne des denrées et des toiles sur lesquelles les employés perdent souvent la moitié de la valeur par le besoin de vendre immédiatement.

Le tableau approximatif suivant donnera une idée de l'impulsion qu'on peut donner à l'agriculture et au commerce du pays au moyen d'un chemin de fer.

NOMS des articles.	LEUR PRIX actuel au Sennar.	NOMBRE qu'on pourrait envoyer par an.	FRAIS approximatifs du chemin de fer.	LEUR PRIX approximatif en Egypte.	TOTAL approximatif des bénéfices nets.
	fr. c.		fr. c.	fr. c.	fr. c.
Bœufs............	10 à 15 »	100,000	10 »	60 à 80 »	3,500,000 »
Moutons, chèvres...	3 à 5 »	100,000	5 »	15 »	6 à 700,000 »
Blé dourah........	1 à 1 50	200,000	5 »	12 à 15 »	4 à 5,000,000 »
Sésame...........	5 »	20,000	5 »	50 à 60 »	4 à 5,000,000 »
Coton............	10 à 12 »	10,000	5 »	50 à 75 »	6 à 700,000 »
Arachides.........	5 à 6 »	3,000	5 »	40 à 50 »	325,000 »
Dattes............	7 à 8 »	20,000	5 »	50 à 60 »	7 à 800,000 »
Bois, fleuves Blanc et Bleu..........					1,000,000 »
Commerce du fleuve Blanc..........					500,000 »
— du Missiad..........					1,000,000 »
Total approximatif..........					18 à 19,000,000 »

Dès les premières années, il s'augmenterait annuellement en proportion.

REMARQUES.

1° En mettant à 1 million le nombre des bœufs et vaches existant dans tout le Soudan égyptien, la fortune de ce pays s'augmenterait d'une trentaine de millions sur ce seul article, et proportionnellement sur les autres bestiaux.

2° La richesse du pays en grains aurait également un accroissement d'une trentaine à une quarantaine de millions de plus, en outre des progrès que l'agriculture ferait, aussitôt qu'elle aurait trouvé un débouché.

3° Il en serait de même pour les autres genres de culture.

4° Quand aux dattes, principale richesse des Dongolah et des Mas, on pourrait en doubler, *tripler l'exportation.*

5° Les riches forêts des latitudes sud deviendraient ainsi une source de richesses pour le Sennar et l'Égypte.

6° Le commerce du fleuve Blanc et de ses affluents prendrait chaque année une nouvelle extension.

Ainsi dès les premières années, le Sennar aurait une fortune augmentée d'au moins 100 millions, sur lesquels l'Égypte pourrait, pour ses contributions, percevoir 10 millions en sus de ce qu'elle reçoit actuellement, et cela sans que le pays puisse en souffrir.

7° Il s'établirait, en outre, un commerce considérable en bestiaux avec les tribus nègres et nomades indépendantes, car ces animaux sont leur principale richesse. Les bois et les planches arriveraient en radeaux au débarcadère sud, et pourraient voyager ainsi en Égypte depuis le débarcadère nord.

NOTES

NOTES

Note à propos des pages vingt-quatre et suivantes.

Dans la critique qu'un ami et compatriote a faite des premières pages de mon livre, il me reproche, entre autres choses, que les témoignages de reconnaissance que je donne à Mgr Billiet et à M. le chanoine Angley, tendraient à les faire regarder comme des philosophes (*du* XIX*e siècle*).

Je serais bien peiné qu'on pût interpréter ainsi mes paroles : Monseigneur est un des plus dignes prélats de l'Église catholique, et si je lui dois beaucoup, je ne lui dois certes pas l'indépendance de mes opinions religieuses ni la lecture des livres défendus par la censure.

Quant à ce que je dis des faibles ressources de mon pays, *mes compatriotes voudront* bien n'y voir qu'une appréciation générale ; ils n'en ont que plus de mérite à *s'élever par leurs propres forces et sans* les mille moyens qu'on trouve dans les grands centres de population.

TRADUCTION DES DÉPOSITIONS DE DIVERS SUR L'ACTE DE PIRATERIE DONT LES AGENTS D'HYBRAHIM-PACHA ET DU GOUVERNEUR GÉNÉRAL SE SONT RENDUS COUPABLES ENVERS MOI, EN 1845, SUR LE FLEUVE BLANC.

Déposition du marin Cheyg-Idris, de la barque du négociant Jean Lafargue le Français.

Lorsque nous avons navigué sur le fleuve Blanc, voici ce qui s'est passé, nous présents et assistants, le 25 zethedje 1231, à quatre heures et demie du matin. Après que nous fûmes arrivés du côté du confluent des fleuves, nous descendions par le canal de l'ouest, lorsque nous avons vu arrêtée à terre la barque du gouvernement, dont le raïs était Abde-Rasak, et où se trouvait aussi Mohammet-Aga, sous-lieutenant et drogman, et Fatah-Allah, chaous. Nous les avons salués en passant devant eux, et nous avons continué notre route. Les susdits nous ont suivis; nous sommes entrés dans un canal qui se joint au fleuve de l'est. Voyant qu'ils nous suivaient toujours, nous nous sommes arrêtés à terre, où nous avons attaché notre barque. Ils nous y ont atteints peu après. Pensant qu'ils avaient quelque chose à nous communiquer, nous sommes restés là pendant une heure environ, sans qu'ils nous aient rien fait dire. Après cela, nous sommes partis. Notre barque a dépassé la barque du négociant Yakoub et l'a laissée en arrière. Les susdits *se sont emparés de* la barque du négociant Yakoub, et comme nous étions en avant, je n'ai pas su ce qu'ils avaient fait avec eux. Après qu'ils se furent emparés de la barque du négociant Yakoub, ils l'ont attachée derrière la leur. Après cela, ils ont envoyé des soldats à terre avec leurs armes. Arrivés en face de nous, ces derniers nous ont dit : Venez à terre, ou nous tire*rons sur vous* avec nos armes. Notre barque étant revenue, ils s'en sont emparés et l'ont attachée derrière leur barque avec celle du négociant Yakoub; puis ils nous ont dit : Nous irons ensemble avec vous et nous vous empêcherons de vendre et d'acheter. Nous sommes partis avec eux. Après que nous fûmes arrivés à la forêt de Chambil (Ontao), endroit de commerce, les négociants ont envoyé leur drogman recevoir des dents des nègres. Les nègres sont venus avec le drogman portant des dents d'éléphant qu'ils ont posées jusque sur la *riskala* (planche qui sert de pont-levis) de leur barque. Voyant cela, le sous-lieutenant et drogman Mohammet-Aga a envoyé des soldats en leur *disant de prendre les dents* qui avaient été remises aux négociants; mais ceux-ci s'étant refusés à les leur consigner, le sous-lieutenant est venu lui-même avec des soldats; ils ont pris les dents, les ont emportées dans leurs barques où ils les ont logées. Le négociant Yakoub ayant fait dire avant tout cela à Mohammet-Aga et à Fatah-Allah, chaous, qu'il *enverrait une de ses deux barques pour vendre et acheter*, tandis que l'autre resterait avec la leur, Mohammet-Aga lui a répondu que si une de ses barques partait, il irait l'accompagner lui-même avec la sienne, et qu'il laisserait douze soldats avec le chaous pour garder celle qui resterait et l'empêcher de rien vendre ni acheter. Là est la fin de la déposition du susdit Cheyg-Idris. Après cela, nous avons interrogé le raïs et les autres marins de la susdite barque, lesquels nous ont répondu comme avait dit le susdit Cheyg-Idris, conformément à sa déposition. Les susdits sont :

Le raïs Soliman, des Cataractes.
Mohammet, fils de Nasir, de Mahas.
Califa, fils de Mohammet, de Beni-Aly.
Aly, le chaqui.
Aly-Mohammet, de l'île de Nasri.
Gibril, fils d'Abouzet le Kenzi.

Etaient présents et ont certifié les dépositions du raïs et des marins susdits :

Le cheyg Abdallah le Mograbin.
Le faqui Abd-el-Rahim.
Le faqui Abd-el-Rahman, le semet et l'écrivain.
L'an 1262 de zethedje.

Signé :

Abdallah le Mograbin, avec son cachet.
Abd-el-Rahim, fils d'Ybrahim, avec son écriture.
Abd-el-Rahman, le semet, avec son écriture.
Le faqui Hamet-Maki, avec son cachet.

Ceci est la déposition du Raï Hassanin, raïs de la barque du négociant Brun-Rollet-Yakoub le Français.

Voici ce qui est arrivé en présence de ses marins pendant notre voyage sur le fleuve Blanc, et cela, le vingt-cinquième jour de zelhedje 1261, à quatre heures et demie de jour. Nous naviguions avec la barque du négociant Yakoub, suivis de la barque du négociant Jean Lafargue le Français, dans le canal de l'ouest, endroit d'échanges, lorsque nous avons vu arrêtée à terre: 1° celle des barques du gouvernement dont le raïs s'appelle Abdel-Rasak, et où se trouvaient Mohammed Aga, sous-lieutenant et drogman, et Fatah-Allah, chaous. Nous les avons salués en passant devant eux, sans discontinuer notre route. Ces gens nous ont immédiatement suivis. Après cela, nous sommes entrés dans un canal aboutissant au fleuve de l'est, au confluent des fleuves. Lorsque nous avons vu qu'ils nous suivaient, nous nous sommes arrêtés à terre pour voir comment ils nous aborderaient, pendant une heure environ, pensant qu'ils nous voulaient communiquer quelque chose; mais ils ne nous ont rien fait dire. Après ce temps, les négociants nous ayant ordonnés de partir, nous avons remonté le canal de l'ouest en tirant nos barques à la corde. Alors la barque du négociant Lafargue nous ayant passé avant, nous cheminions derrière elle; 2° après que nous fûmes arrivés à la pointe supérieure de l'île, notre barque fut poussée à terre. Tant pour éviter quelque avarie que pour nous réunir aux gens que nous avions à terre, c'est-à-dire à nos marins, nous avons alors cherché un endroit convenable pour aller à terre et prendre ces gens à bord. Pendant tout ce temps, la barque du gouvernement *nous suivait par derrière. Tout à coup, le sous*-lieutenant Mohammet-Aga et Fatah-Allah, chaous, montèrent sur le toit de leur chambre et nous ordonnèrent d'aller à terre. Leur ayant répondu pourquoi nous devions aller à terre, puisque nous les y avions attendus, ils me crièrent de plus fort d'aller à terre. En même temps, Fatah-Allah, chaous susdit, ordonna à quelques-uns de ses gens de lui apporter son fusil pour tuer, disait-il, le raïs et le mostamel (timonier). Alors j'ai fait arrêter la barque pour aller à terre; le négociant Yakoub étant sorti de sa chambre, leur dit: Pourquoi voulez-vous *tirer sur le raïs* et le *timonnier?* Le *sous-lieutenant* et le chaous susdits lui répondirent: La première balle que nous tirerons sera pour vous. Puis le chaous continua à l'insulter à terre, et le sous-lieutenant ordonna à ses soldats de prendre leurs armes et leurs gibernes pour nous attaquer; en même temps, leur barque nous aborda; 3° tout cela s'est passé pendant que nous étions au milieu du fleuve. Voyant cela, nous sommes allés à terre, où le négociant Yakoub est sorti sans armes en disant: Mes camarades, pourquoi voulez-vous nous attaquer? *Mais* ils lui répondirent: Nous n'avons pas ouvert cette route pour des *chrétiens*. Fatah-Allah, *chaous*, ajouta: Emmenez-moi le raïs et le timonnier pour leur donner la bastonnade. Le négociant Yakoub leur dit : Pour quel motif voulez-vous battre ces gens ; ce sont mes domestiques, vous n'avez rien à faire avec eux. Si vous avez affaire à quelqu'un, ou si vous voulez notre bien et notre barque, adressez-vous à moi, prenez ce que vous voudrez. Et leur ayant répété : Qu'est-ce que vous voulez de moi ? Mohammet-Aga, le sous-lieutenant et Fatah-Allah, chaous, susdits, lui répondirent : Nous voulons vous empêcher de vendre et d'acheter.

Alors le négociant Yakoub fit sortir sa servante de sa barque, puis ses marins et ses domestiques, il leur dit : Voilà ma barque devant vous, pillez-la si vous voulez ; ce n'est pas ici un lieu de discussion. Alors le susdit sous-lieutenant ordonna d'enlever les dents d'éléphant ; mais les soldats refusèrent d'obéir, parce qu'ils voyaient bien que la conduite de leur supérieur était blâmable. Voyant cela, le sous-lieutenant y mit des sentinelles ; après quoi, il envoya quelques-uns de ses soldats pour aller s'emparer de l'autre barque, c'est-à-dire celle de Lafargue. Le négociant Yakoub lui dit : Laissez ici vos soldats, j'enverrai moi-même de mes gens qui vous l'emmèneront. Et en même temps il ordonna à un de ses marins, nommé Hamet, d'aller à cette barque et de l'emmener ; mais le susdit sous-lieutenant se leva et empêcha le marin de partir ; il envoya de ses soldats qui emmenèrent cette barque et l'attachèrent derrière les autres.

Après cela, Fatah-Allah, chaous susnommé, envoya faire dire à ces négociants qu'ils avaient ou à partager leurs dents d'éléphant ou qu'il les empêcherait de vendre et d'acheter et les ferait partir sans autre : lui-même est venu après pour leur intimer cet ordre. Mais le négociant Yakoub lui répondit, que de lui-même il ne leur donnerait pas une dent d'éléphant, et que s'ils voulaient le piller, ils n'avaient qu'à le faire. Après cela, les négociants demandèrent encore à Fatah-Allah, *chaous*, et au sous-lieutenant susdits, pour quel motif ils en agissaient ainsi avec eux; et les susdits sous-lieutenant et Fatah-Allah leur répondirent : Nous irons avec vous jusqu'à la forêt de Chambil (Ontao), et nous ne vous laisserons rien vendre ni acheter. Leur ayant demandé encore pour quel motif ils en agissaient ainsi avec eux, ils leur répondirent : En vertu des ordres qu'ils avaient reçus de Soliman-Aga et Kalil-Effendi.

Après cela, nous sommes partis et nous sommes descendus jusqu'à *la forêt de Dont* (Bonigo). Là, le négociant Yakoub avait laissé auparavant, chez Cheya-Doud, des verroteries pour acheter des dents de l'intérieur. Après qu'ils eurent pris terre, il envoya demander à ces officiers s'ils lui laisseraient recevoir les dents qu'on lui apporterait pour le *montant des verroteries* qu'il avait livrées auparavant. Ils lui firent répondre que si on lui en apportait il pouvait les prendre. Mais jusque-là, ces officiers avaient empêché ces négociants de rien vendre ni acheter dans tous les endroits où ils s'étaient arrêtés. Nous sommes *restés* 24 heures à cet endroit sans avoir rien vu, ni dents ni autre chose. Ensuite, nous sommes arrivés à un endroit où il y avait du commerce, et nous y étant arrêtés, les nègres vinrent à nous avec des dents d'éléphant; mais ils les empêchèrent encore. Alors le négociant Yakoub leur dit : Camarades, je ne suis pas venu ici pour changer d'air, mais bien pour faire des échanges. Si vous m'en empêchez, je diviserai mes deux barques en deux endroits différents. Alors le susdit sous-lieutenant lui répondit : Si vous faites cela, j'irai avec celle qui partira, et je laisserai, avec l'autre qui restera, douze soldats avec le susdit chaous Fatah-Allah pour la garder et vous empêcher de vendre et d'acheter. Après cela, nous sommes tous partis pour la forêt de Chambil, dernier endroit de commerce (Ontao). A peine y étions-nous arrêtés, que les nègres vinrent nous apporter des dents d'éléphant jusque sur notre planche qui servait de pont-levis à la barque des négociants; voyant cela, le sous-lieutenant nous envoya demander pourquoi nous recevions de l'ivoire; puis il envoya des soldats qu'il suivit aussitôt, et ils emportèrent les dents d'éléphant qu'on nous avait livrées, les enlevèrent de chez nous et les transportèrent dans leur barque. Telle est la fin de la déposition du raïs Hassanin susdit. Après cela, nous avons interrogé les marins de la susdite barque, lesquels ont tous répondu comme le susdit raïs Hassanin conformément à sa déposition. Voici leurs noms :

Mohammet-Atia, Égyptien de Mansourah.
Abdel-Moulab, fils de Soliman de l'ouest d'Assouan.
Mohammet Keir, du côté du Kandak.
Hamet, fils d'Hassan, de Sehata.
Mohammet, Keir du faqui de Dongolah.
Idris-Nasri du Kandak.

Ont été présents et ont certifié les témoignages des susdits raïs Hassanin et des marins les :

Cheyg Abdallah le Mograbin.

Le faqui Abderahim, fils d'Ybrahim.
Le faqui Abderahman, le semet et l'écrivain.
Hamet, Maki, témoins des dépositions des susdits.

Que Dieu bénisse les témoins. Le 27 rabi 1262. Signé :

Abdallah le Mograbin avec son cachet.
Abdel-Rahim, fils d'Ybrahim, avec son caractère.
Abdel-Rahman, le semet, avec son caractère (écriture).
Le faquir de Dieu, Hamet-Maki, avec son caractère et son cachet.

Déposition de Mohammet-el-Edjasi, timonier de la barque de Kalil-Effendi, employé de S. E. le général en chef notre maître.

Voilà ce qu'a dit et certifié le sus-nommé :

Quand Mohammet-Aga, sous-lieutenant et Fatah-Allah, chaous, eurent rejoint notre barque après leur dispute avec le négociant Yakoub, voilà ce qu'ils ont dit à Soliman-Aga, lieutenant, et à Kalil-Effendi : Après que nous nous fûmes séparés, les barques des francs, les négociants Yakoub et Lafargue, nous ayant rencontrés, ils nous ont salués et ont passé outre. Après cela, nous les avons poursuivis, et les ayant atteints, nous leur avons dit : Arrêtez vos barques ou nous faisons feu sur vous. Alors le négociant Yakoub est allé à terre avec sa barque et en est sorti ; puis il a fait sortir sa servante et nous a dit : Ma barque est devant vous, faites ce que vous voudrez. Alors nous avons mis des sentinelles sur cette barque, puis nous avons insulté le négociant Yakoub et nous lui avons dit : Nous n'avons pas ouvert cette route pour les chrétiens. Ensuite nous avons envoyé un caporal avec des soldats à la barque du négociant Lafargue, nous l'avons fait revenir en arrière et nous l'avons attachée avec l'autre derrière la nôtre ; nous les avons empêchés de vendre et d'acheter jusqu'à la forêt de Chambil (Ontao), nous ne leur avons rien laissé ni vendre ni acheter, et nous leur avons pris toutes les dents qu'on leur a apportées. C'est la fin de la déposition du susnommé Mohammet-l'Edjasi, qui a certifié avoir entendu ces paroles de la bouche du sous-lieutenant et de Fatah-Allah, chaous, susdits. (Même date.)

Etaient présents et ont certifié le témoignage du susdit Mohammet-l'Edjasi : le cheyg Abdallah le Mograbin.

Le faqui Abd-el-Rahim, d'Ybrahim.

Le faqui Abd-el-Rhaman, le semet, et l'écrivain Hamet-Maki.

Signé :

Abdallah le Mograbin, avec son cachet.

Abd-el-Rahman, le semet, avec son écriture.

Abd-el-Rahim, fils d'Ybrahim, avec son écriture.

Hamet-Maki, avec son cachet.

Telles sont les dépositions du raïs Hassanin et des marins susnommés, lesquelles ont été faites en présence des témoins susdits, dont les cachets et les signatures ont été apposés. De même nous avons entendu nous-même les dépositions des témoins susnommés, du raïs Hassanin et des marins susdits, et moi j'ai enregistré les dépositions susdites pour les rendre légales et les conserver, de peur qu'ils (ces déposants) ne s'éloignent et ne se trouvent pas lorsqu'arrivera leur besoin à l'endroit où s'instruira cette affaire, ou en notre présence.

A notre cher ami le négociant Yakoub le Français.

Nous avons reçu votre lettre du 4 du courant, par laquelle vous nous demandez la copie des dépositions du raïs et des marins sur ce qui vous est arrivé entre vous et Mohammet-Aga, lieutenant, et Fatah-Allah, chaous, pendant votre voyage sur le fleuve Blanc, et cela, parce que l'original sur lequel étaient l'écriture et les cachets des témoins s'est perdu entre les mains du négociant Lafargue. Voici la copie de ces dépositions; nous l'avons transcrite pour vous à la lettre, sans rien y ajouter, ni rien en diminuer, telles que nous les avons trouvées enregistrées chez nous.

Ce 15 rabi 1er 1267.

Signé : Le faqui YBRAHIM,
MOUFTI GÉNÉRAL.

TABLE DES MATIÈRES

FIN.

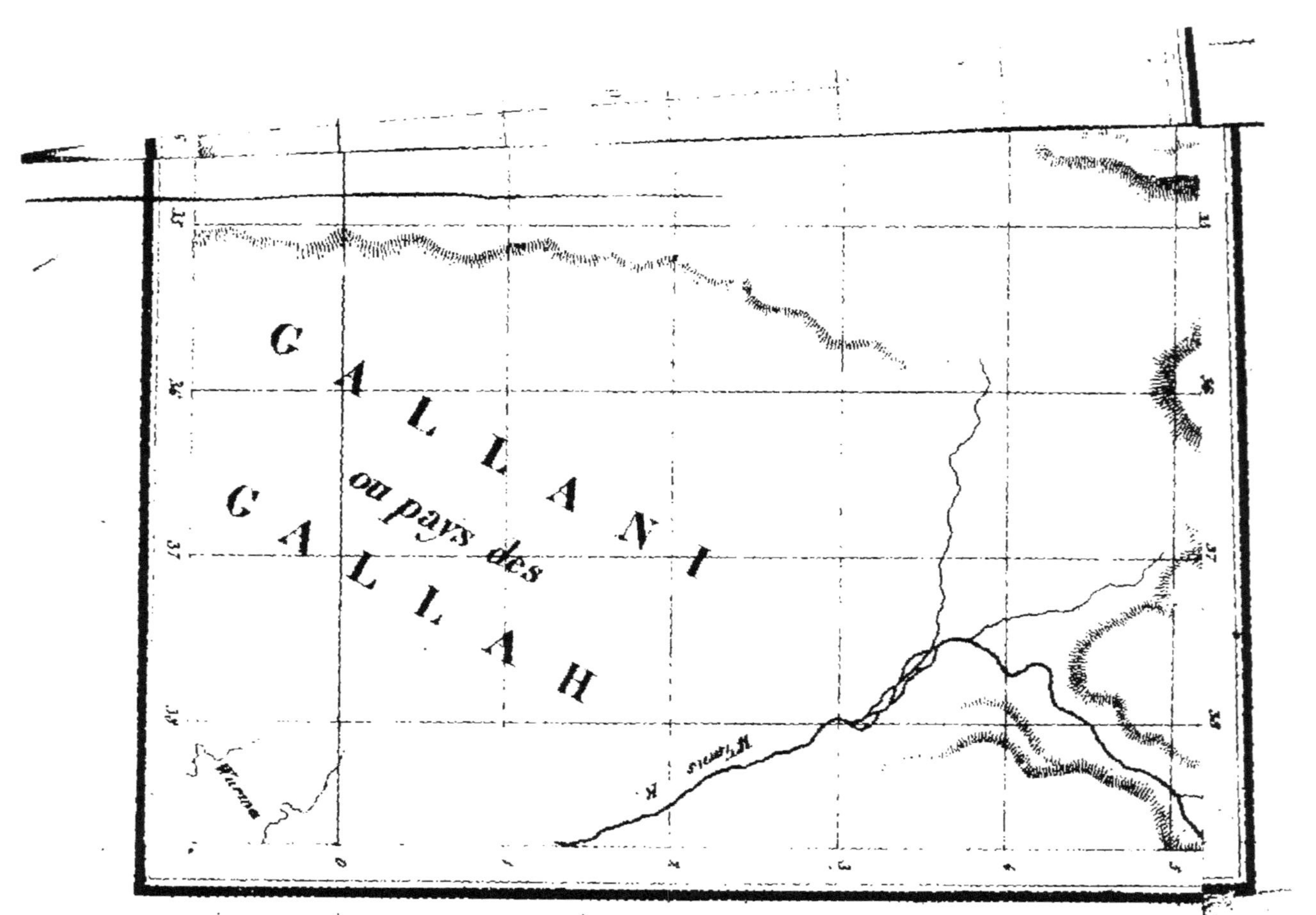
GALLANI
ou pays des
GALLAH
Wurna

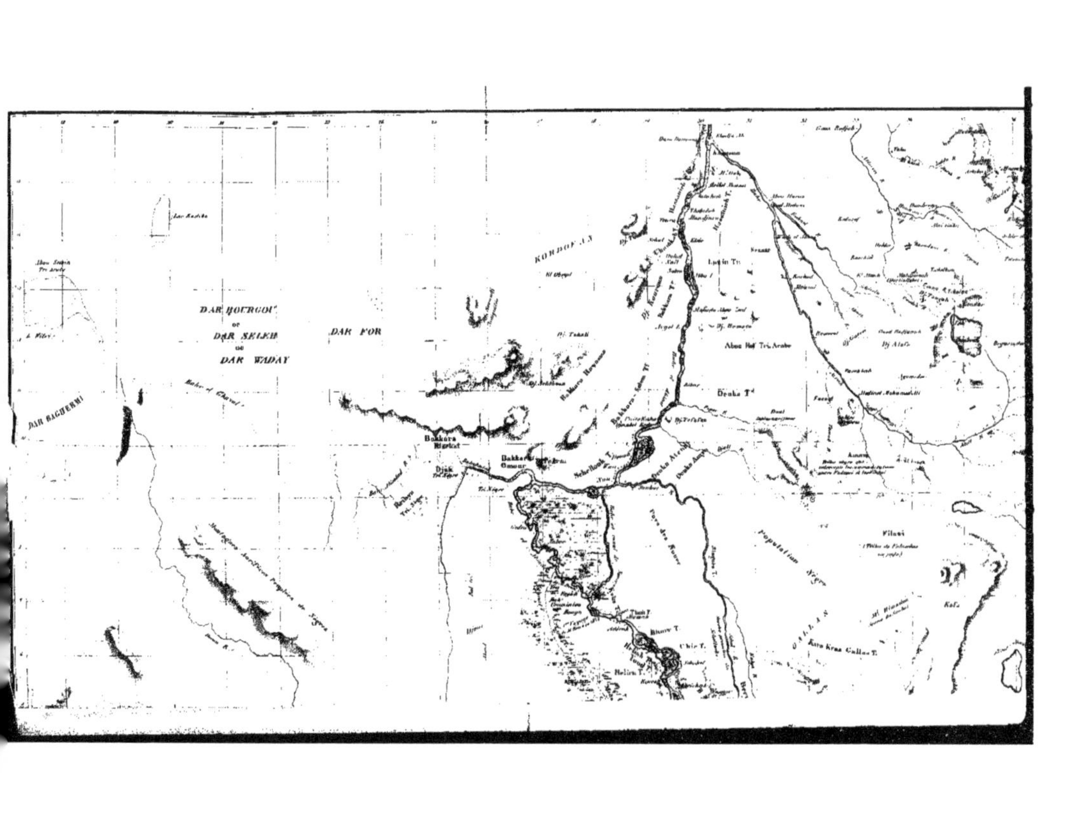
DAR BOURGOU
ou
DAR SEILEH
ou
DAR WADAY
DAR FOR
DAR BAGHERMI
KORDOFAN
Bakkara Rizegat
Bakkara Omour
Djak
Dinka Td
Aboo Rof Tri. Arabe
Vilani
Population Nègre
Chir T.
Helien T.

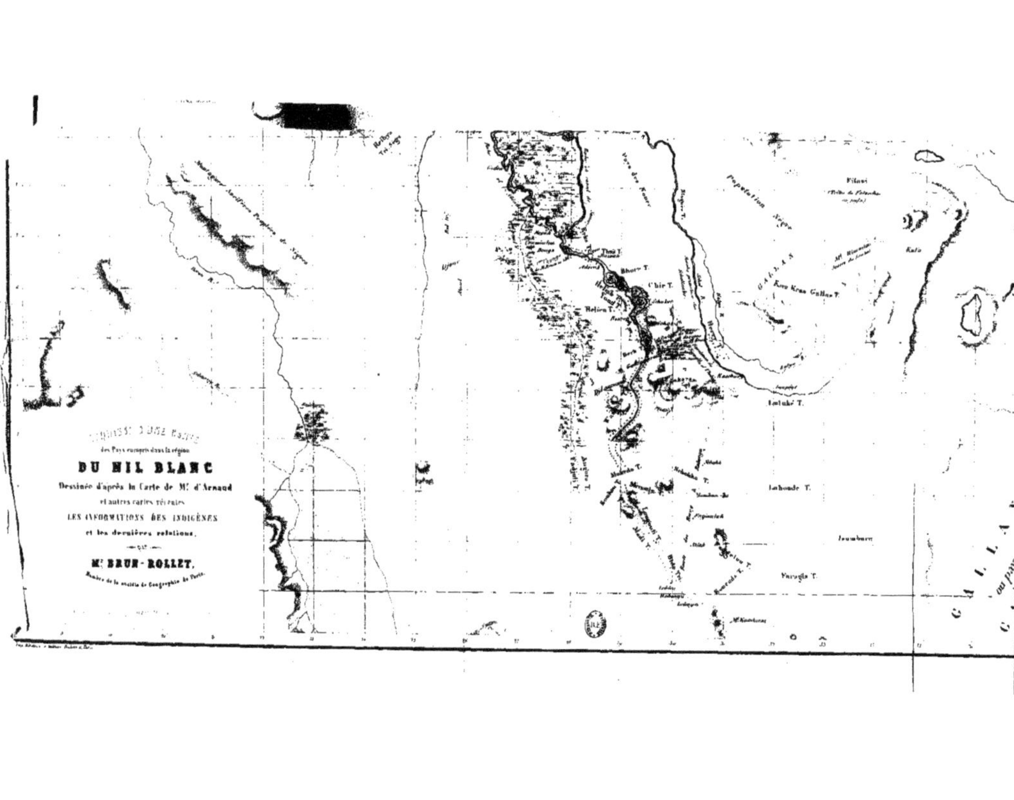
des Pays compris dans la région
DU NIL BLANC
Dessinée d'après la Carte de Mr. d'Arnaud
et autres cartes récentes
LES INFORMATIONS DES INDIGÈNES
et les dernières relations,
par
Mr. BRUN-ROLLET,
Membre de la société de Géographie de Paris.

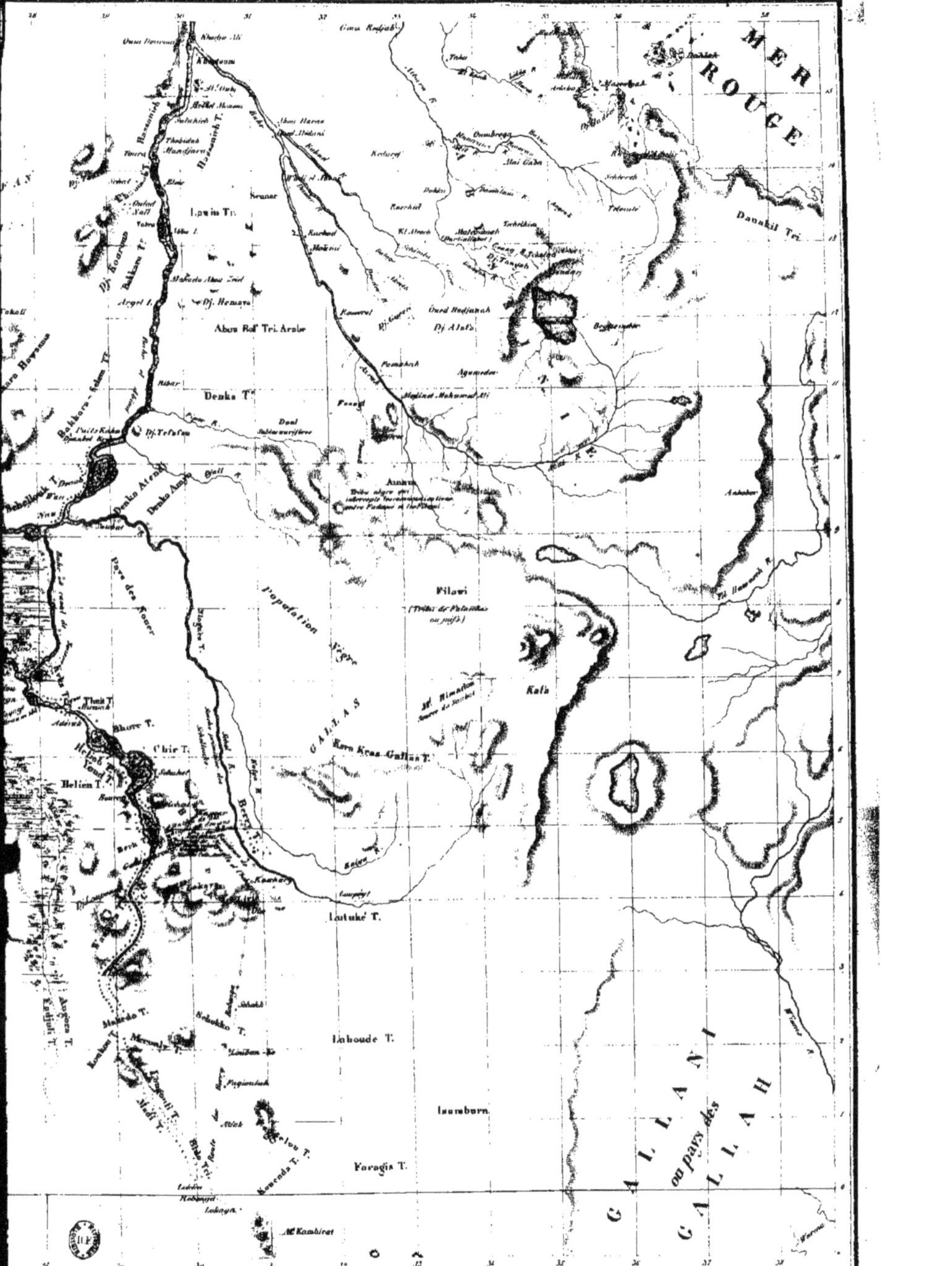

MER
ROUGE
Danakil Tri.
Abou Rof Tri. Arabe
Dj. Hemara
Denka T.
Filawi
(Tribu de Falachas ou juifs)
population Nègre
GALLAS
Kafa
Bhore T.
Chir T.
Beliem T.
Laboude T.
Faragis T.
Mt. Kambirat
GALLANI
ou pays des
GALLAH

www.ingramcontent.com/pod-product-compliance
Ingram Content Group UK Ltd.
Pitfield, Milton Keynes, MK11 3LW, UK
UKHW020303230726
13925UKWH00001B/202

9 782013 631785